以"性别"之眼透视社会,
探寻具有普遍意义的"人的问题",
这就是"思"的追求所在。

时代镜像中的性别之思

Times and Gender

马姝 著

图书在版编目(CIP)数据

时代镜像中的性别之思 / 马姝著.
北京:中国经济出版社,2017.3
ISBN 978-7-5136-4611-6

Ⅰ.①时… Ⅱ.①马… Ⅲ.①妇女问题—研究—中国 Ⅳ.①D669.68

中国版本图书馆 CIP 数据核字(2017)第 028854 号

责任编辑　姜　静　陈　瑞
责任印制　马小宾
封面设计　华子图文

出版发行	中国经济出版社
印 刷 者	北京力信诚印刷有限公司
经 销 者	各地新华书店
开　　本	710mm×1000mm　1/32
印　　张	9.375
字　　数	225 千字
版　　次	2017 年 3 月第 1 版
印　　次	2017 年 3 月第 1 次
定　　价	39.80 元

广告经营许可证　京西工商广字第 8179 号

中国经济出版社 网址 www.economyph.com 社址 北京市西城区百万庄北街3号 邮编 100037
本版图书如存在印装质量问题,请与本社发行中心联系调换(联系电话:010-68330607)

版权所有　盗版必究(举报电话:010-68355416　010-68319207)
国家版权局反盗版举报中心(举报电话:12390)　　服务热线:010-88386794

序

多年以前,一个学法律的男生突然冒出一句:"我快被我的专业阉割了。"

那时他每天在西大操场狂跑一万两千米,把自己累成狗,再垂头丧气地去见他觉得追求无望的姑娘,一副斯坦尼斯拉夫斯基体验派出来的垮掉派。

于是形成一种印象,文青学法律,就是不断操练理性与逻辑思维的利刃,压抑天性中过于敏感却无用的情感与直觉。

马姝是女文青,也是学法律出身,但很早就摆脱了这种"阉割焦虑"。她一边在法学院不动声色地做着学霸,拿着奖学金,另一边又混迹于文学院,自由旁听绝不放过男神老师的课,很快和中文系的"坏孩子"们打成一片,办报纸、露宿天台、泡录像厅、看禁片,因为常常晚归练就了一手翻墙的绝活。学校年度的读书征文比赛,彼时的马姝也去凑热闹,读书是她喜欢的事情,除了考试期间秉烛速读法律,其他时间大多用在读任何法律以外的书了。

那一年的评选结果成为一则校园传闻:某个法律系女生居然打败中文系学生拿到了一等奖。颁奖的时候马姝没去领奖,后来

时代镜像中的性别之思

组委会派了一个颜值颇高的中文系才子送奖状和奖品到女生楼找她，可惜没有青春剧里的那种火花出现，他们就是彼此认识了的朋友而已。只是多年以后，马姝惊喜地发现他成了一名独立纪录片导演，作品还刚刚在国际上获了奖。

于是，这么多年下来，我丝毫不奇怪，为什么马姝的文字冷静理性又兼具深沉情感，有着诚实的心灵，没有鸡汤味。她的专业背景与研究旨趣也早就跨越了法律、社会学、文学、电影、戏曲、话剧，或许还有其他。她的这本著作恰好体现了这种视野的丰富与理性和感性的互融。

比如，《如何终结强奸迷思》《取消嫖宿幼女罪：结果不是唯一重要的》《美国同性婚姻合法化，我们高兴什么》这些文章，既体现了作者法学背景下的规范思维与逻辑推演，社会学训练下的整体视角和关联分析，又将文学与影视批评中的符号学与意识形态分析巧妙地运用其中；《一个女人的命理学》，分析理性又饱含悲悯心，用两个版本叙述主人公的人生际遇：一方面固然是为了无限逼近复杂残酷的日常生活微观情境与人性，让人读下来犹如置身网中；另一方面也体现出作者对于语言和叙述本身的警醒，说什么都还有没说完的，至少两个版本可以相互补充和留下质疑与想象的空间；《〈不能说的夏天〉：是什么堵住了我们的嘴》，既有基于镜头语言和影片叙事之上的人物分析，又有社会学的宏观维度和法学思维；在《〈黄金时代〉：女作家身体的多重喻义》中，对女作家身体文本和相关主流话语的细致解读自始至终裹挟着深切的同情……

全书的精彩文章还有很多，上述文字只是我以"后现代主义式的阅读"（其实就是不按顺序的东读西读）随意列举而已。

序

这种丰富背后一以贯之的共同点是,作者的性别研究维度和女性主义立场,女性主义在这里不仅是一种理论,更是一种深沉情感。

忍不住说,人如其文,我一直暗暗觉得马姝是个具有"雌雄同体气质"的人,这既指她高挑的个子,更是指她的心灵与性情。在此,我不得不冒着打断行文顺畅的危险,也要赶紧啰唆一下"雌雄同体"的含义,而不是把它放在小字号脚注中。我绝没有把马姝文字的理性等同于男性气质,感性等同于女性气质,或者把马姝的高个子、独立干练、为人实诚、车技超好、重智性等同于男性气质,而把她爱臭美、精厨艺、善解人意、照顾人、重情感等同于女性气质的意思,这样的化约是我极力希望聪明如你的读者所避免的,否则我只能眼睁睁地看着我们再一次掉入本质主义男权观的泥沼中。只是在至今父权文化依然是普遍现实的条件下,我们不得不使用带有"文化病毒"的语言,如果有更好的更纯净的词语,我愿意选择其他,我无非只是想说,作者如同她文字的丰富与开阔,她的心灵结构也是丰富而有趣的。

电影学博士、知名影评人爱梅莉
2016 年 11 月 21 日
于西波洛小镇

前言

性别首先让人想到的,是填表时经常要填到的"性别"一栏。女,或者男,不假思索地写一个,并不觉得有什么需要"思"的。

但性别并非只是男和女这两个字,性别还意味着规范。这种以"男人应当……女人应当……"的句式出现的规范因为有所谓文化传统的支撑而被认为不言自明、天经地义,至于它对两性发展的束缚和对自由人性的压制,则常常被忽略。尤其是女性,更能感知到这套规范体系在运作中派生出的性别不平等。于是,男女平等、妇女解放就成为人类社会向现代迈进的过程中必然要触及的命题。

性别之思,又不限于对男女平等、妇女解放之路的探求。多元性别、同性恋、双性恋、跨性别、酷儿等概念,让"性别"的内涵得到了扩充,让"思"的广度也得到延展。让流放在规范世界之外的他者回到主体位置,这是在逻辑起点上撬动不平等的基石。

性别之思,脱离不了身处的时代,对于个体来说,肉眼所见的一切,网络新闻、影视剧、文学作品、交往的人、发生的事……无不是时代的投射。透过这些镜像,可以看到"性别"是何等深刻地融入生活世界的运转逻辑之中，而怀疑与叛逆也在悄然发生。

以"性别"之眼透视社会，探寻具有普遍意义的"人的问题"，这就是"思"的追求所在。

这本小书由作者近年来围绕性别议题所写的文章组成。文章有短有长，体裁不一，按启迪写作的素材不同分为四辑。

第一辑是"性别与社会"。包括法律探讨、言论激辩、文化反思。近年来笔者有意识地参与网上讨论，在这个相对自由、平等发声的虚拟世界里，我收获良多。所收文章便是对这一过程的见证。

第二辑是"性别与影像"，包括声音档案、身体叙事、性情哲学。在这些戏剧影视作品里，"性别"以或隐或显的方式，存在于创作者的意识观念和叙事风格之中。笔者的职责就是呈现、分析或适度的批评。

第三辑"性别与书写"收录的是几篇读书心得。所有的作者都是带着性别经验在写作，而女性的写作，其意义总是会溢出文本之外，成为个性解放和时代进步的象征。

第四辑"性别与人生"里的文章写的是笔者的生活，有虚构，也有非虚构。身为女性，自然更关心女性的故事。穿过岁月的长河，可以清晰地看到，除却个人的原因，女性的命运总是与时代紧紧地绑在一起。

部分文章曾在澎湃、女权之声、橙雨伞等媒体、《南大戏剧论丛》《戏剧与影视评论》等刊物上发表，文后都已注明，其他都是首次公开出版。

谢谢你打开这本书。

马姝

2016 年 10 月

目 录

第一辑 性别与社会 1

法律探讨 3

如何终结强奸迷思：评《南方周末》记者涉嫌强奸女实习生案 3

取消嫖宿幼女罪：结果不是唯一重要的 7

美国同性婚姻合法化，我们高兴什么 12

言论激辩 22

反逼婚的另一种姿态 22

良家妇女与性工作者被强奸的危害有别 26

语言本身并不构成歧视：也谈羊年春晚中的某些语言类节目 31

终将被淘汰的性别观 36

文化反思 46

五四新女性的双面人生 46

智慧女性班：资本与文化保守主义的合作 50

生男生女能一样吗 54

第二辑　性别与影像 …… 57

声音档案 …… 59

《孟小冬》：声音确证我的存在 …… 59
《河东狮吼》：这是女权的胜利吗 …… 62
《不能说的夏天》：是什么堵住了我们的嘴 …… 65
《窃听风暴》：掉转枪头的伦理依据 …… 69
《一声叹息》：十五年前的外遇 …… 73
《影梅庵忆语·董小宛》：一种反现代的女性观 …… 78
《十二公民》：怒汉与公民，为什么都是男人 …… 87

身体叙事 …… 96

《鹅毛笔》：SM 与书写的自由 …… 96
《红颜》：只是因为你是女人 …… 99
《洞内春光》：奶奶向前冲 …… 102
《大卫·戈尔的一生》：如何哲学地死 …… 105
《黄金时代》：女作家身体的多重喻义 …… 110
《革命之路》：主妇革命，路在何方 …… 116
《颐和园》：女性身体叙事及其困境 …… 122

性情哲学 …… 136

《青蛇》：师傅，你动了凡心 …… 136
《光棍儿》：另类视角的底层叙事 …… 139
《路边野餐》：时间编织了世间所有的谜 …… 142
《性爱大师》：色情狂 or 科学家 …… 147
《欢乐颂》：姐妹情谊中的平等假象 …… 151

《恋爱中的宝贝》：爱情之死 ………………… 155
《荒野猎人》：寻找现代文明的救赎之路 ……… 161
《蝴蝶君》：性别身份的设置及其文化意涵 …… 171

第三辑　性别与书写 …………………………… 193

《奥兰多》：给女友的情书 …………………… 195
《春尽江南》：男性作家的性别盲区 ………… 197
《英国情人》：两种自由的身体对话 ………… 200
《摇摇晃晃的人间》：地里长出一个余秀华 … 204
《中国现代女性作家与中国革命》：理解革命的一种新
路径 ………………………………………… 208

第四辑　性别与人生 …………………………… 219

想象杨绛 ……………………………………… 221
繁华落尽海上花 ……………………………… 225
端午劫 ………………………………………… 229
李尔的饭桌 …………………………………… 234
一个人的美食之旅 …………………………… 240
香港一夜 ……………………………………… 247
你说，人有来生吗 …………………………… 257
一个女人的命理学 …………………………… 267

后记 ……………………………………………… 284

第一辑 性别与社会

"历史不断前进,经过许多阶段才把陈旧的生活形式送进坟墓里,世界历史形式的最后一个阶段就是喜剧。"

——马克思

法律探讨

如何终结强奸迷思：评《南方周末》记者涉嫌强奸女实习生案

《南方周末》记者成某涉嫌强奸女实习生，日前已被警方刑事拘留。

在司法机关最终结论出来之前，不宜给成某贴上"强奸犯"的标签，但整个事件引发的讨论，再次将"什么是强奸"的问题摆在了我们面前。

在成某的行为"是否构成强奸"的问题上，一些"非强奸论"者的依据无非是各种常见谬误的堆砌：她没有拼命抵抗，没有痛哭，还收了钱，所以就是"自愿"的。

换句话说，如果要证明她是"不愿意"的，就一定要有明显的身体外伤，要痛不欲生，最好还如"烈女"般以死抵抗。很多国家的强奸法曾经也有类似规定：犯罪人使用了暴力，受害人也应当"尽其所能"地反抗。

随着时间流逝，随着人们对身体自主权、对自由意志的日益强调，这些法律规定已经被认为是过时的、不公平的，暴力与反抗逐渐不再成为强奸罪的构成条件。"未经同意的性交"——

这才是强奸罪的核心。

那么,怎么判断对方是否同意?

英美法系学者关于强奸罪中同意的认定主要有三种模式,即否定模式、肯定模式和协商模式。

1. 肯定模式

假定被害人同意性交,如果被害人没有说"不",也没有其他证据表明被害人不同意,那么,被害人同意性交。

2. 否定模式

假定被害人不同意性交,除非被害人说"同意",或用身体语言表示同意,否则被害人不同意性交。

3. 协商模式

要求在性交以前,行为人必须与他/她的伙伴进行商讨。

听起来一个比一个要求严格,最后一种模式——必须要协商? 对于这一点,那些认为"女人说不要就是要"的人肯定理解无能吧。

可是,就算是有着明确要求的各种"同意"模式,也遭到了质疑:因为这些模式都没超越传统自由主义法学的理论假设,即每个人都是自治与理性的道德行为者,能够自由且负责任地支配自己的权利(包括身体)。

在质疑者们看来,这个假设过于笼统,不能涵盖具体情形下的人的各种差别处境。 比如在两性共处、对峙的时刻,女性未必如假设中说的那样,可能拥有与男性一样的、自由且负责地支配自己身体的权利。 有形或无形地弥散于生活世界中的强制力,完全可能使女性做出违背自己意愿的行为,甚至为了避免使自己陷入更恶劣的境遇而"主动"予以配合。

第一辑 性别与社会

例如:

一方体力上占压倒性优势 —— 我怕他打我。因为情境中存在让其无法反抗的恐怖力量。

(当事女生描述:"我跟这么一个男的在房间里,我不敢激烈反抗,怕他打我。")

一方拥有某种足以影响自己未来发展的势力,不论这是真的势力,还是给对方制造的印象。

(当事女生描述:"我就很怕他报复。他是很有背景的人。")

一方拥有文化上更多的优越性 —— 如果事情曝光,社会指责的是受害方。

(这点在事情公开后铺天盖地的质疑声中已经有了充分的体现。)

体力悬殊、权力操控、文化偏袒等,都有可能被意图强奸者利用来满足个人私欲。

此案被害人做出的反应,并非真正意义上的同意,而是被迫的屈从,即行为上虽无明显抵抗,但性行为是不符合她意愿的,她反感、排斥、厌恶这个男人对她所做的一切。

一旦考虑到女性的差异性经验,旨在保护性自治权的法律便会将强奸认定的重点放在被害人是否同意上。至于是否有暴力、胁迫,是否有反抗,都已不在法律考虑范围之内。

最后回到性行为本身上。

一个对性愉悦有追求的人一定会同意:性行为是细节极为重要的高度敏感的身体交流行为,性愉悦(而非单方面的快感)的达成,有赖于双方对性行为各个环节及其意义的无止境的交流与理解。

因此，当一方向另一方发出性邀请时，一个首要的职责就是，必须了解对方为何愿意发生性行为，而且这个"了解"应当是建立在尊重的基础上，充分沟通、反复确证，一旦对方有任何犹豫或抵触，都应及时停止。

没有经过充分的交流和了解达成意向，就不能视为对方已经"同意"。这并不是在重复上述"协商"模式，这是对发起性邀请一方的强制义务。不履行这个义务的，将有可能承担法律上的责任。在成某一案中，从成某抢身份证到让当事女生收钱、吃避孕药，这一系列行为都不足以证明性行为是基于对方的同意发生的。

当强奸法从最初的旨在保护男性权利（强奸被认为是一个男人对另一个男人所拥有财物的侵犯）的法律逐渐演变为性自治权的保护法，这既是女性逐渐被视为"人"、逐渐拥有与男性平等法律地位的表现，也是人类性道德不断发展、完满的表现。判断强奸重在看当事人是否"同意"、在"什么才是同意"的问题上充分考虑双方的关系形态、在注重保护性自由的同时坚决防范权力的滥用，则是现代各国强奸法的普遍发展趋势。

（橙雨伞，2016 年 7 月 3 日）

取消嫖宿幼女罪：结果不是唯一重要的

1997年刑法的制定者们或许没有想到，他们当时新增的一项罪名会在日后逐渐溢出法学专业领域成为公共讨论的议题，并在经历旷日持久的争议之后最终被废除。这个罪名就是从强奸罪中单列出来的嫖宿幼女罪。争议似乎已画上句号，但对罪名从有到无整个过程之细节及意义的认识、对争议过程中显露的诸多问题的追问、对罪名取消后同类行为发展态势的关注，不应当就此停止。

首先要提到的是，嫖宿幼女罪从被提请废除到最终取消的这个过程，也是性别（gender）分析方法在刑法领域内得到有效运用的过程。

主废派的理由之一是法律条文自身存在缺陷，如罪名重叠，不同罪名体现的刑法价值取向不一致，等等。除此之外，还要特别指出的是，主废派从性别平等的角度揭批了嫖宿幼女罪这一罪名中隐含的性别不公，如嫖宿幼女罪的设立意味着刑法并未实现对幼女的平等保护，因为它将幼女分为良家女和卖淫女来区别对待——一般的奸淫幼女的行为列在设有死刑的强奸罪之下，而嫖宿幼女罪起刑点虽是五年（比强奸罪高）但不设死刑；"嫖宿"一词污名化了幼女并将妨碍她们今后的生活和发展；嫖宿幼女罪的存在等于客观赋予了幼女性自主权，这与保护幼女权益的立法目的相背离，等等。也正是基于性别平等的理念，考虑到现实中有大量男童遭受性侵害的事件，有专家还提出应当将刑法保护范围扩大至"幼童"而不限于"幼女"。

性别分析方法不仅表现为以性别平等为标准来要求法律,还表现为从性别的维度来认知和理解法律,如此可以发现表面上看似人人公平以待的法律实则存在性别歧视或盲点,而对这些问题的纠正将使法律更趋公正和更显完善。法律的性别分析在我国开始的时间并不算长,但其在法治建设中的价值已征显出来:我国首部反家庭暴力法已经出台,这一重大立法成就与性别分析方法在法学领域中的运用有关。嫖宿幼女罪的取消,则是对这一方法之有效性和必要性的有力证明。

其次要提到的是争议过程中呈现的法律与民意的关系形态。

"民意"是此次有关取消嫖宿幼女罪的报道中出现率很高的一个词。回顾嫖宿幼女罪存废之争,可以看到,"民意"确实在纷争的引发和持续过程中扮演了重要角色。自从1997年刑法中出现此罪,刑法学界内部就争议不断。为保全刑法的完整性与稳定性(这也同样是需要捍卫的),学者们多坚守刑法学的解释学本位,以提供多种解释方案的办法来弥合法条缺陷并以此为司法提供指导。在形成"法条竞合"的通说之后,业内对此问题的态度也渐趋平淡。也许和网络议事尚未形成气候有关,当时的"民意"并不明晰,嫖宿幼女罪的存废也更像是一个法学大门之内的纯粹的"法律问题"。

情况在数年之后发生变化:网络逐渐成为公共议事平台、越来越多的"性侵幼女"或"嫖宿幼女"事件也通过网络爆出来,如2009年贵州习水、2011年陕西略阳、2012年河南永城、2012年浙江永康、2013年海南万宁的事件。不经过深入严谨的研究,我们其实很难判定此类案件高发的原因究竟是立法之错还是司法之错抑或是其他更为复杂的因素。但可以肯定的是,随着

第一辑　性别与社会

网络上的热议，嫖宿幼女罪逐渐在民意中成为一切罪恶的渊薮，一个关起门来讨论的专业法律问题成为人人可以发表意见的社会问题。

与具有专业知识和议事共识因而更具同质化的学术圈不同，民意的来源多样，民意的可参考性也更难把握。它可能代表着质朴的正义感，也可能代表着非理性的戾气，尤其是嫖宿幼女罪这样一个词语本身就挑战着常情常理，一系列案件中又交织着男与女、强与弱、官与民等多重不对等权力关系，再加上强奸罪设有死刑，"嫖宿幼女"行为在 1997 年之前是按强奸罪处罚等各种背景因素，民意最终的投靠不难预见。

民意当然重要，立法和司法的独立性、法律的稳定性同样重要。如何妥善处置民意，平衡多种价值，这实在是网络普及带动议事民主化的时代中，法治建设者们必须面对的难题：现在已无法一味坚持专业立场，无视公众对司法裁决的评论式参与，但完全放弃专业立场屈从民意的做法则意味着对法的背叛。而且，在传媒力量日益膨胀的今天，完全可能出现"谁控制了媒体，谁就控制了民意"的局面。法律人对由媒体反映甚至参与塑造的民意保持戒备也绝非杞人忧天。那么，在取消嫖宿幼女罪这件事上，罪名的最终取消，究竟是出于完善法律的需要，还是顺应民意的需要，抑或二者兼而有之？

再次，各种声音是否相互理解并且都被听到。

作为社会问题的嫖宿幼女罪在被讨论的时候，是否每一种观点都得到了同等的发声机会？目前看来，似乎主张废除的声音更大一些，主张保留的声音相对较小。那么，这两种有代表性的观点的分歧究竟在哪里？二者之间是否存在完全不可调和的矛盾？

甚至,各方是否真正的尊重、倾听并且听懂了对方的理由?

主张废除的理由相对容易被公众所接受(未必是充分理解),例如同罪不同罚、幼女权益同等保护,等等。主张保留的理由是否就正好是它们的反面呢? 主张保留者中不乏刑法学领域的专业人士,有人认为通过提供解释方案的办法可以解决司法适用上的问题并同时达到保护幼女权益的效果,换而言之,让法律稳定性和幼女权益保护这两种价值得到兼顾的方案是可能存在的。 需要指出的是,这类的探讨是高度专业化的,必须具备相当的法律专业知识才能充分理解那些在逻辑上近乎完美的艺术品式的论证文章。 假如论证者本人又不那么热衷普及工作,那么,这些持保留意见者的理由是否能准确、完整地为众人所理解? 所幸其中不乏兼具性别视角与专业修养的学者,他们在嫖宿幼女罪的废除工作中起到了重要的推动作用。

在这两个声音之外,还有在幼女权益保护具体方案上提出质疑的,即怎样的保护方式才真正有益于幼女? 是基于成人世界的判断,还是将幼女视为具有判断能力的主体由其自身来决断? 甚至有认为应当认可幼女具有性自主权,嫖宿行为不该定罪的。 这些另类之声或许有些挑战主流认知,但并非毫无价值。 那么,这些声音如何获得同样的发声渠道并得到认真的倾听? 还有,在这个过程中,嫖宿幼女案当事人的声音几乎是缺席的。 只有完整收集和平等对待各种声音,才能更好地理清问题的源脉从而寻找到更适切的解决办法。

最后,还有几个并非无关的问题需要回答。 1997年3月1日,八届全国人大五次会议秘书处印发的刑法修正草案中,嫖宿幼女仍然按强奸定罪,到了3月13日,大会主席团通过的草案中，嫖宿幼女罪却单独定罪。这12天中发生了什么，情况为何突变？同样，关于这次嫖宿幼女罪的废除经过，据媒体报道，一审稿和二审稿中都没有涉及"嫖宿幼女罪"，为什么三审稿中又将问题提了出来？

好了，嫖宿幼女罪已经被废除。那么，我们是否还会以同样的热情关注之后的进展：刑法的法条缺陷是否就此得到了弥补？"嫖宿幼女"行为今后所受处罚是否比嫖宿幼女罪时期更重了？罪名取消后，性侵害或嫖宿行为是否就减少了？——但愿我们关心的不仅仅只是一个"大快人心"式的结果。

（澎湃"思想市场"，2015年8月28日）

美国同性婚姻合法化,我们高兴什么

一

2015年当地时间6月26日上午,美国联邦最高法院以5∶4的票数,在Obergefell V. Hodges案中做出判决,裁定各州禁止同性婚姻的法律违反宪法,应予废除。这一结果意味着同性婚姻在全美50个州全部合法,美国也因此成为全球第21个在全境承认同性婚姻的国家。

网络时代,消息第一时间传到大洋彼岸的中国,微信微博毫无意外地被这条消息及相关讨论刷屏。讨论来自不同社群,调子各不相同:感性欢呼庆贺者有之,高冷学术范条分缕析个中宪政问题者有之;认为同运取得胜利者有之,担心同运就此画上句号者亦有之。可谓美利坚一颗炸弹,炸出五光十色各种观点。

就在"两会"期间,中国同性恋研究的开拓者——李银河教授再次委托他人向人大递交同性婚姻提案。在这之前,她已尝试过多次,但都因种种原因未能递交成功。除了她的努力,同性恋群体也采取多种形式来寻求社会接纳和法律认同,比如到民政部门申请结婚或是高调举行婚礼,等等。这些行为经媒体报道之后,确实吸引了更多的人来关注同性恋者的基本权利。只是到目前为止,无论是李银河教授递交提案还是同性恋者主动走进公众视野,都更像是行为艺术式的权利倡导,离最终的修改婚姻法的目标,还有很长的路要走。

是否感到些微的困惑?像美国这样一个有着基督教反同性恋

第一辑 性别与社会

传统的国家,为何在较短时间内就实现了同性恋权利问题上的大跨越? 要知道,在20世纪60年代之前,美国法律还将成人间私下的同性恋接触认定为犯罪;在21世纪初,只有马萨诸塞这一个州认可同性婚姻;在2012年的一项民意调查中,还有约43%的人反对同性婚姻;在2015年联邦最高法院裁定同性婚姻在全境合法之前,尚有十几个州并不认可同性婚姻。 相反,在古代中国,我们会发现,虽然不同朝代的同性恋者处境各有不同,但从整体来看,社会对待同性恋者的态度是比较宽容的。 现代以来,我国刑法虽然一度也将同性恋入罪,精神病学也将同性恋划为精神病的一种,但科学理性最终战胜了人为谬误,同性恋早已被非罪化和去病化。

李银河教授曾经做过的一项调研显示,中国人对同性恋的接受度比美国人要高得多。 不过,社会接受同性恋是一回事,真要上升到国家法律层面,修改婚姻法,将婚姻缔结条件改为"不限性别",恐怕又是很多人难以接受的。 假如与美国的改变相对照,不禁要问,为什么在一个对同性恋颇为宽容的国度里,我们反而觉得同性恋者的婚姻权有些遥不可及? 中国的同性恋者争取婚姻权会走一条怎样的道路?

二

我们先来看看美国同性婚姻合法化走过的是怎样的一条道路。

事实上,在很长一段时间内,同性恋在美国都被视为一种犯罪。 直到现代,很多州还明确规定,同性恋是一种必须受到法律制裁的病态行为,其中大多数州还根据所谓"心理变态的性行为"和"寻求刺激的性行为"这两种程度不同、性质相异的罪名,对有同性性行为者分别处以不同的刑罚。至于那些没有对同性恋做出法律制裁规定的其他州,也分别以猥亵、勾引违反天性的交媾、流浪、在公共厕所里逗留、作淫媒、向同性出卖色相等罪名,将被告发的同性恋者送往监狱或矫正感化院等场所。①法律规定背后是社会广泛存在的对同性恋者的歧视与偏见。在多部获得奥斯卡奖的同性恋题材电影,如《费城故事》《断背山》中,我们都可以看到美国社会对同性恋者的排斥以及同性恋者承担的巨大精神压力。

《断背山》剧照

作为对这种歧视与偏见的回应,第二次世界大战之后,同性恋群体借着民权运动的影响,开始在社会中为自己发声。社会学者里卡塔曾在《同性恋权利运动:美国历史一个被忽略的领域》一文中回顾以欧洲为源头的美国同性恋权利运动史,并将其概括为八个阶段,其中第六个阶段就是:20世纪60年代,将民权运动引向同性恋运动的时期。② 50~60年代,美国的同性恋社区不断发展,同性恋酒吧开始普及,同性恋身份认同也逐渐加深,同性恋者

---

① 谈大正.性文化与法[M].上海:上海人民出版社,1999:315.
② 李银河.中国人的性爱与婚姻[M].北京:中国友谊出版公司,2002:197.

第一辑　性别与社会

也开始对他们的社会流浪者和犯罪者的地位日益不满。发生在1969年的石墙骚乱则成为现代同性恋运动的出发点，在这次事件中，同性恋者开始抗拒警察对他们的抓捕。一系列行为引发了美国各州法律的修改。其中具有标志性的是1961年的伊利诺伊州的刑法修改：成年人之间私下的同性恋接触不再算作犯罪。之后，又有四个州也制定了同样的法律，迈开了美国的同性恋"非罪化"的步伐。

《费城故事》海报

　　同性恋"非罪化"的过程，也是美国同性恋运动与法律深层互动的过程。以社会运动推动法律变革，以法律途径来争取权利，这已成为美国法律与社会关系发展过程中的基本规律。同性婚姻在全美范围内的合法化也沿袭了相似的道路。就像在美国种族隔离问题上的重要案件——1967年的Loving V. Virginia案一样（该案推翻了各州的异族通婚禁令），这次美国同性恋者的婚姻权利也是通过诉讼的形式得到确认的。联邦最高法院此次所判决的同性婚姻案件，包括不同当事人在四个州分别提起的诉讼。这四个州在美国司法体系下均属于第六上诉法院司法管辖范围，在此前的诉讼程序中，第六上诉法院先后支持了各州禁止或拒绝认可同性婚姻的法案，随后四个案件的当事人均向最高法院提起上诉。在美国法律体系下，许可婚姻的权力属于各州，同性婚姻案件并不必然意味着联邦最高法院的介入，但是，由于这些案件涉及对于宪法问题的解释，因此最高法院同意接受当事人上诉请求，并合并审理以维护宪法在全国范围内的统一解释和适用。 然后，我们就看到了之后的以 5∶4 微弱优势胜出的裁决。

当然，立法、司法早已与政治紧密交织在一起，我们也不应忽略美国的政党政治在同性婚姻合法化中所起的作用。 要知道，民主党和共和党在同性恋问题上长期观点相左，如果共和党人掌握要害部门，即使总统本人支持同性婚姻，也未必能起到任何作用。 比如 1996 年，当时国会两院都是由共和党控制，时任总统克林顿虽然支持同性恋权利，但也不得不做出妥协，在联邦《婚姻保护法》上签字。 在该法案中，婚姻应该是"一个男人和一个女人之间的法律联盟"。 21 世纪初，小布什总统是把反对同性恋作为取信右翼力量的方式。 伊拉克战争之后，右翼势力和社会保守力量相对式微，同性恋平权运动又重新抬头。 2008 年，民主党的奥巴马成功地把高调支持同性婚姻变成了拉拢左翼势力的法宝。 最近宣布参选的希拉里，也紧随其后，在其社交媒体上打出了"骄傲"一词。 除了作用幽微的政党政治，从 5∶4 微弱胜出的结果也能看到，此次同性婚姻合法化过程中也不乏偶然因素，比如最后撰写多数意见的肯尼迪大法官，他是一名虔诚的天主教徒，共和党人，通常被认为属于保守派阵营，是"摇摆的一员"，最后他是出于对"程序正义"的坚持投出了关键一票。

以上种种，是整个事件乐观的一面。 另外一面，则是绵绵不绝的争议和暂时被浩大的支持声淹没的反对派声音。 正如前文所言，以诉讼的方式追求平权的策略实际上是依附于美国早年为平衡多方力量而制定的违宪审查制度、具有不确定性的政党政治以及三权分立的政治架构之上。同性婚姻不仅是一个平等保护的问题，还涉及联邦权力与各州权力的分配、立法权与司法权的关系、联邦最高法院的根本职责、司法审查与民主制度的关系等从未消停过的诸多争议。

此次事件中，保守派坚持认为最高法院本质是作为保守主义制衡器，维系和守卫美国宪政的三个平衡——立法分支与行政分支的平衡、各州权力与联邦权力的平衡、社会自治和国家强制的平衡，其职责是积极维护平衡，消极维护平等。也有反对者直指联邦最高法院是用司法仲裁为手段的国家权力挑战了人类正当传统，是对州权的僭越，对民意的屈服。自由派法官于是成为原教旨主义保守派法官口中的失去独立性的"民权运动走狗"（斯卡利亚语）。

违宪审查就像高悬的达摩克利斯之剑，会让立法机构通过的普通法律文件随时面临被废除的风险，这个权力如果用得不好，也会让联邦最高法院引火上身。要知道，对这个判决的不满之声和庆祝胜利的声音可谓旗鼓相当。5：4的结果，远远谈不上同性婚姻支持者的决定性胜利。假如下一届美国总统是共和党人当选，情况会怎样？而且，现在同时控制国会两院的，正是坚决反对同性婚姻的共和党。

总体而言，美国联邦最高法院这次裁决虽然"一下子"实现了在同性婚姻问题上的从37个州认可到全美认可的历史性跨越，但在这个看似有些突然的改变背后，是美国社会长期以来形成的民权运动联手法律诉讼争取权利的传统，是美国基于平衡州与联邦、立法与司法等多方关系的需要而设立的违宪审查制度因其内含的张力而始终争议不断的历史，是不断在民意、利益、权力之间斡旋妥协的政党政治。因此,即便同性婚姻已经合法化,与此相伴的争议仍将持续不断。

三

讨论美国同性婚姻合法化的过程和后续的问题,对我们有何意义? 作为人类命运共同体中的一员,我们当然要为美国实现婚姻平权而高兴,因为平权理念的落实与传播最终会惠及人类社会中的每一个人。 同时,我们也必须知道,美国同性婚姻合法化的实现是与这个国家特定的发展历史、社会环境、政治生态等多种因素联系在一起的。 同性恋在中国与美国有着不同的历史境遇,中国文化之中也并不存在将同性恋者视为"非我族类"的隔绝态度,而且,中国有着与美国不同的政治架构和法治实践,美国同性婚姻合法化的道路也许难以在中国复制,同时,也未必是寻求解放的唯一道路。

中国历史上并没有"同性恋"一词,用以形容同性间情欲的,有余桃之癖、断袖之癖、龙阳之好、对食、磨镜等说法。 关于中国同性恋的情况,据《中国古代房内考》记载,女子同性恋在不同时期一直广为流行,但男子同性恋在汉代以前很少见。 到了汉代,同性恋曾多次流行,特别是在六朝早期似乎极为兴盛,在北宋时期也曾再度兴盛。① 清代学者赵翼在他的《陔馀丛考》中指出,北宋时期曾有过一个靠做男妓谋生的阶层,政和年间颁布过一项法令,对这些人处笞一百并罚以重金。 南宋时期,这种

---

① [荷]高罗佩.中国古代房内考[M].李零,郭晓惠等译.上海:上海人民出版社,1990:67.

男妓仍在活动,他们"招摇过市",打扮得像妇女一样,并且组织成行会。赵翼补充说,这标志着同性恋的最盛时期。其他时期,同性恋多是发生在文化程度很高或成分混杂的社会集团中。① 中国古代文学作品中对同性之爱也不乏描述,如曹雪芹的《红楼梦》、李渔的《怜香伴》。明清小说《弁而钗》则被认为是世界上第一部完整描写同性恋故事的小说。

昆曲《怜香伴》海报

可见,同性恋在中国也是一个自古以来普遍存在的现象。

至于中国社会对待同性恋的态度,从整体来讲,同性恋在中国历史上虽然不被提倡,但也没有受到大规模迫害和严重的社会歧视。② 这并不是说,中国比西方更早地拥有了对同性恋的科学认识,而有可能是中国人的性观念和家族观念使然。比如,在古人看来,女子阴气是取之不竭的,所以,中国人对女子之间的同性恋非常宽容。只要不发生过头的行为,人们认为女子同性恋关系是闺阁中必然存在的习俗。而两个男人进行密切接触也不会造成任何一方元气受损,只要是成年人之间发生的,文献史料也

---

① [荷]高罗佩. 中国古代房内考[M]. 李零,郭晓惠等译. 上海:上海人民出版社,1990:212-214.
② 潘绥铭,黄盈盈. 性社会学[M]. 北京:中国人民大学出版社,2011:201.

一般采取中立态度。① 只有当同性恋中的一方滥用这种情感关系去谋求非分之财或挑唆同伴干不义或违法的勾当时,这种行为才会受到谴责。如果这种同性恋关系导致了艺术成就的产生,人们还会赞扬它。男子之间具有同性恋意味的男性友谊,也是经书颂扬的社会关系之一。澳大利亚华裔性别研究学者雷金庆就曾以《三国》和《水浒》为文本,指出这些作品中其实充满了对具有同性恋意味的男性友谊的描写、欣赏与赞颂。② 另外,中国文化中重视个人对家族的责任,婚姻和生育是个人对父母和祖先的必尽之职,只要不妨碍这个职责的履行,中国人对同性之间的性行为一般不会特别加以干预。就像皇帝的男宠,也只有当他的存在影响皇帝履职的时候才会遭到指责。也许正是因为这样的性观念和家庭观念,中国同性之间的性行为反而获得了西方同性恋所没有的相对自由的存在空间。当然,这样一种家族繁衍重于个体情欲的观念在权利意识逐渐凸显的今天也会衍生出其他问题。

20世纪80年代,弗洛伊德早期学说被引入中国,"同性恋"的概念和解释开始在社会大众中传播,国内有关同性恋的学术研究开始出现,国外同性恋解放运动的理论和观点也被学术界介绍进来。90年代以后,随着社会的转型、人权观念的不断渗入,传统的同性性活动的状态也发生了历史性的变化,中国的同性恋者开始形成一个以性取向的同一性为标识的集体认同。在一些前沿人士的引领下,同性婚姻的权利诉求也悄然发芽。但是由于政治与社会环境不同,中国同性恋组织在形式和内容上都相对比较

---

① [荷]高罗佩.中国古代房内考[M].李零,郭晓惠等译.上海:上海人民出版社,1990:66.
② [澳]雷金庆.男性特质论[M].刘婷译.南京:江苏人民出版社,2012.

低调,远远没达到如美国那样可以对政治产生影响的程度。相当一部分同性恋小组与其说是在权利背景下产生的,不如说是由艾滋病防治项目催生出来的。①

因此,我们可以认为,同性恋婚姻权在中国的实现,会面临美国所不曾面临的障碍。这个障碍不是具体的有某种宗教信仰的群体或坚守某种立场的党派,而是对同性恋持有两面态度的文化:对同性欲望持开放的态度,但又将其阻隔在异性婚姻为中心建立的整套家族关系之外,而后者,不仅是个人的所谓"正常"社会身份的来源,也是社会秩序构成的基础。将婚姻缔结条件改为"不限性别",所触动的不仅是某一部分人的观念,而是传统中国社会的建立根基。另外,我们当前也不具备如美国社会那样的,通过平权运动推动法律改革的历史传统和政治条件,试图以行为艺术或递交提案的方式来推进婚姻法改革的做法,除了能起到权利倡导、意识提升的作用之外,对婚姻法的影响恐怕微乎其微。当然,这并不意味着我们就无法改变现状。必须看到,在学者、社群、媒体、市场等多方力量的作用下,同性恋者在今天的境遇相比二三十年前已经大为改观。而且,美国同性婚姻合法化之后,也有一种"泼冷水"式的说法,即平权运动的终极目标应该是彻底破除婚姻制度而不是被它收编。倘若这一终极目标放在中国同样适用,那么,中国的同性恋是否可以在争取婚姻权之外,从文化传统和历史经验中挖掘出反抗性的、异质性的思想资源,寻找一条属于自己的解放之路呢?

(《岳麓法律评论》2015 年第 6 期)

---

① 潘绥铭,黄盈盈.性社会学[M].北京:中国人民大学出版社,2011:203.

时代镜像中的性别之思

言论激辩

反逼婚的另一种姿态

几个年轻人制作的反逼婚广告,左为原设计,右为修改后的设计并经众筹后出现在北京东直门地铁站

一个没被逼过婚的人对过年逼婚的话题似乎是无法置喙的。但是曾被"热心人"关心过婚姻问题的我完全可以想象那会是怎样的一副新版"年画":用各种句式、语气盘查的父母,用各种招数闪躲回避的孩子。有男/女朋友没有? 打算什么时候结婚?——那些许久未见的亲戚像天边飘来故乡的乌云,随时送来户籍警式的问候。 此时的父母手中虽在忙别的事情,耳朵却竖得

像天线,等着从放松警惕的你的口中探得一些真相。

真是糟心的黑色三分钟。 合着好不容易抢了票一路颠簸回家,是为了给自己添堵的。 不奇怪网上会流传各种化憋屈为恶搞的各种抢答攻略,反逼婚则成了新青年们流行的街头口号。

对于那些你都忘了姓什么对方也弄错了你婚没婚、生没生的所谓亲朋,大可不必挽起袖子去普法什么叫隐私权。 人家并不对你的人生和生人怀有真实的兴趣和热情,就像对他们自己的一样。 婚姻、孩子、工作,只是普通家庭三大主旋律和节日寒暄时的必备废话。 真要遇上有人郑重地问你:同志,你觉得中国该往何处去? 你大概瞬间就石化了。

一个成熟的成年人,要敢于面对考验演技的人生。 真正难以靠演技蒙混过去的,是"天下无不是的""永远为你好的"挟生养以令孩子的父母们。 反逼婚势在必行。 反逼婚的姿态却暧昧不明。 离家出走,反抗万恶的旧制度! 这是小说中五四青年们反逼婚的铿锵姿态。 可能的现代版本是,尽早实现经济上、情感上的独立,与父母划清楚河汉界。 这需要有扛得住皮肉苦过得了亲情关的钢铁般的革命意志。

大部分人的反逼婚做不到这样一刀切式的决绝,有一些人是还没打就要招的。 对于这一撮被攻破、被搞定的朋友,战斗在一线的同志们只能每逢佳节送去诚挚的慰问与祝福。 而那些战斗着的同志,所要继续的,就是开动脑筋,寻找一条既不伤害感情又不丧失主权的折中的道路 —— 这可不是一个靠过年攻略就能解决的问题。

没有让人脑洞大开的现成锦囊。 在年轻人拥有更多话语权的网络空间里,父母早已经被描画成挡住自由去路的妖魔。 集体喊出反逼婚，对于有"悟性"的父母来说，或许会有所触动。然而，这种解决方式总好像缺了点什么。

反逼婚的年轻人，是在一个日渐开放和多元的社会中成长的一代，生活方式对他们而言，是选择题而不是规定动作。在经济的保障下，他们有能力走出社区，走向更大的城市，甚至去到世界的另一边，见识世界的精彩、生命的多样。之所以会反逼婚，是因为自主的空间更大了。

逼婚的父母，却是在高度同质化的环境下长大，他们很多人不知"自主"为何物，不知道那个"我"在哪里，大多数人的选择就是他们的选择，他们携带着那个时代少得可怜的人生模板来规划自己的人生：结婚，生育，怀抱期许。然后到了一定年纪，也预备着按同龄人的套路来出牌：孩子能上重点上重点，能送出国送出国，能给介绍对象给介绍对象，能带孙子帮带孙子。可是，忽然有一天，他们的生活被卡住了，他们被孩子们告知，你们错了，我不要按你们的方式生活。

这也真是让人堵得慌啊。他们和自己的孩子一样，有那么多破事，那么多秘密，那么多解不开的小疙瘩啊。有谁想得起他们，也替他们编一编段子，发泄发泄心头的焦虑、愤懑和委屈呢？转换观念不是一朝一夕的事，广场舞跳过之后她们还得面对街坊四邻好奇打探的眼光。

这当然不是在为逼婚辩护。我丝毫不觉得父母有理由逼迫孩子做他们不愿意做的事。我只是觉得，年轻人迟早是最后的胜利者，如果有足够的勇气和底气去要求自主，并借此将自己融入更高层面的自由事业中，那么，也会同样有能力发现，权利争夺并非亲缘关系的全部内容，私人生活中的抗争并非必然导向文化

第一辑 性别与社会

变迁和制度革新。只要血缘有一天还存在，亲缘关系还是大多数人的情感依赖，就必然要面对这样的问题：怎样才能把矛盾重重的代际关系转变成轻松自在的两代人的平等关系？怎样将子女总是通过与父母的抗争而得来的自由，转变成两代人的共同诉求？这些更具挑战性的任务，理应由更有能力的新一代年轻人来承担。

良家妇女与性工作者被强奸的危害有别

背景：2013年2月，李天一涉嫌强奸被刑事拘留。李辩称受害者为陪酒女，事件性质应为嫖娼而非强奸。7月16日，清华大学教授易延友用微博替李天一律师辩护时表示，强奸陪酒女比强奸良家妇女危害性要小。此言一出，立即引来网友热议。

清华大学法学院教授易延友"强奸良家妇女要比强奸陪酒女危害性大"（后修正为：强奸良家妇女比强奸陪酒女、陪舞女、三陪女、妓女危害性要大）的观点在网上抛出后，招来一边倒的反对之声，一些公知大V也加入其间，众人看法难得的一致。

网络舆论一边倒的状况一般发生于如下情形：有人犯了常识性错误，不需要专业知识就能做出正误判断；有人在焦点问题上触碰到了民意敏感地带，在一个人人呼求公正的社会里，司法公正就是这块敏感地带中尤为敏感的一块。

基于对我国法学教育现状的了解和对清华大学法学院的信任，特别是基于易在"危害有别论"之前所说的那两点，[①]我初步认为，易并非是犯了常识性错误而遭人诟病。大家要注意到，

[①] 易延友微博原文："替李天一的辩护律师说几句：1. 无罪辩护是他的权利。引述海淀检察官的说法：让人做无罪辩护天塌不下来；2. 未成年人受特殊保护，律师发声明要求大家遵守法律并无不当；3. 强调被害人为陪酒女并不是说陪酒女就可以强奸而是说陪酒女同意性行为的可能性更大；另外，即便是强奸，强奸陪酒女也比强奸良家妇女危害性要小。"

第一辑 性别与社会

他前面说了，"犯罪人也有得到无罪辩护的基本权利"。能在网民们都戴着显微镜盯着李天一案的时候，顶着舆论压力说出这样的话，说明他不仅具有权利意识，而且还颇有一份坚决捍卫法治精神的勇气和决心——毕竟司法的确可能遭到民意的绑架。这大概也是何兵说他是"民主和法治推行者"，呼吁网友理性讨论的原因之一吧。正是有这样一个基本判断，他遭到众人反对的后面两句话，就并非一定是法律常识匮乏所致。可是不论是什么原因促使他做出如此论断，"危害有别论"一经抛出，就必然会触怒那块敏感地带。唯恐受害人的陪酒女身份使李天一逃脱罪责的网民们，虽然在别的问题上容易发生分歧，但在"倒易"的时候却能惊人地达成一致，甚至还有人粗暴地斥其为"特权帮凶"。民众对社会不公正的怨怒在"倒易"的时候得到了集体释放。

　　但这种"惊人一致"显然是可疑的。我不是说众人的立场可疑，而是说这种"一致"的达成，并非是因为对问题——即易究竟"错在哪里"——有清楚认识。可能正好相反，这种表面的"一致"其实容易掩盖真正的问题。那么，易的话究竟错在哪里？是什么导致他说出"危害有别论"？是因为他缺乏"平等观"吗？应当不是。他很有平等意识。今天，哪怕是没念过几年书的人恐怕都知道"法律面前人人平等"。具体到李天一案中，那就是犯同样的罪，应当受同样的罚，不因受害人的身份而有改变。易会犯这个低级错误，倒未必是因为受了什么利益驱使，更有可能是在强奸罪的问题上，潜在的男权意识干扰了他作为一名法学教授的判断力，并使其说出"危害有别论"来。

时代镜像中的性别之思

他以性的纯洁度来界分女性并在此基础上将女性分级。如果说他第一次提"危害有别"时还不明显，在再次"修正"时就完全暴露了他的"分级偏好"。从良家妇女到陪酒女、到陪舞女、到妓女，这完全是在以性的纯洁度对女性进行排序。在进入司法程序之前，他就将受害人放在男权世界里进行了一番道德审判，然后将她们分为三六九等，单方面主观认定了她们的"受害程度"。要知道强奸罪之所以被认为是罪，是因为它侵犯的是男人们的——财产，比如女儿是父亲的财产，妻子是丈夫的财产。也就是说，女人不是"人"，是男人们用于交易的"物"。女性嫁给一个男人，是一个"物"从原来的物主（父亲）转移到下一个物主（丈夫）手里的过程。强奸导致的贞洁瑕疵使男人的财产价值和完整性受到影响，因而强奸是"罪"。

今天，强奸之所以为罪，是因为女人已是"自己"的人，不再是"他人"的物，强奸罪侵犯的是女性的身体自主权或自由意志。只要承认强奸罪侵犯的是女性的身体自主权，那么，不论强奸受害人是所谓的良家妇女还是妓女，她们受到侵害的程度都是一样的。换而言之，认为强奸良家妇女危害性大过其他女性的观点，可能是因为在潜意识里仍将女性视为男性之间用于交易的物品，贞洁与否仍是男性给物品定价的依据，良家妇女和陪酒女同被强奸会被认为危害性不同，大约也是因为二者贞洁状态不同因而交易价值不同而已。如此推下去，性工作者几乎就不可能成为强奸罪的受害人了。不过庆幸的是，今天，即便有人这么想，也不敢随便说出来了。

正因为此，李承鹏那条被广泛传播的微博并没触及易的真正

第一辑　性别与社会

问题。李的那个比喻："城管认为殴打流动摊贩比侵入店家危害性小，殴打唐慧比殴打官夫人危害性小"，也并不能和易的观点并置。前两个比喻只是点出弱者相比强者更易成为暴力的对象，在正义缺乏的环境里，这样的比喻极易唤起笼统的弱者共鸣。而易的观点是强奸良家妇女的危害性比强奸陪酒女大，这反映的是性别领域里的强（男）弱（女）关系。两性在诸多问题上的不平等，比如性权上的不平等，是与公共领域里的不平等相似却难以等同的两个问题。也就是说，一些公共领域里因倡导笼统的公平正义而极具号召力的男性大V们，在性别领域里完全可能是一个毫不含糊的霸权主义者。大V发声得到强转，并非是因为戳中了易的谬论中的问题，而是因为在这一事件里，陪酒女的犯罪"受害人"身份与性别领域的"弱者"身份发生了重叠，大V们是借前一个"题"来发挥，真正应该讨论的后一个"题"则被掩盖和忽略了。

一项犯罪行为的危害性应由行为本身性质决定而非受害者的身份来决定。也就是说，不论强奸的对象是谁，强奸者都应受到同样的处罚。这是一个法学院学生的基本常识。教授一般不会犯常识性错误，也不会轻易被民意绑架，却可能容易受自身的性别观念影响。所以，虽然我们看到易教授前后两句话很不像一个逻辑严谨的人说出来的，却很像"法律上的平等主义者"和"性别上的霸权主义者"的二者混合体说出来的。而且这样自相矛盾的"男性知识精英"还比比皆是。

最后，我还是想说，以上都不过是我的主观推断，并不见得符合易的真实想法。毕竟至今易都没出面解释"强奸良家妇女比强奸陪酒女危害大"的原因是什么，他的逻辑是什么。

按他的说法，是因为网络不够"理性"，不是一个讨论问题的合适平台，所以不再理论。确实，网络上充斥着冲动言论、暴戾之词，但网络也并非全无益处。它的开放性和平等性也在促成一个初级公共议事空间的形成。很多法学教授成功地在网络上发出了声音，拥有众多理性而善辩的"粉丝"。所以，恐怕真正的问题还是在于自己的言论是否得当，而不能简单归结为网络的非理性。

第一辑　性别与社会

语言本身并不构成歧视：也谈羊年春晚中的某些语言类节目

　　羊年春晚摊上大事了。因为充斥诸多歧视性语言，网友以联署方式呼吁停办春晚并要求摄制组道歉。过去数年的春晚中已多次出现拿他人方言、生理特征取乐的小品类节目，在饱受诟病之后，春晚似乎无意停下"毁人不倦"的脚步，一些小品类节目，除了一如既往地嘲笑他人口音、容貌、长相，更是密集地拿女性群体作为逗乐的"灵感"来源。"春晚已成为性别歧视的重灾区"，网友如是鉴定。

　　恐怕不是所有人都能很快地将小品中出现的某些台词与听起来颇有些严肃的"歧视"问题联系在一起：如果说人长得"惊悚"、像"吉娃娃"是容易识别的侮辱性词汇，那么，像《喜乐街》《小棉袄》《投其所好》《社区民警于三快》等小品中出现的"女神""女汉子""二手货""四十岁阿姨还未婚"等台词怎么就和歧视扯上了？

　　你看，这些称谓、台词放在小品中不是挺妥帖自然的——《喜乐街》中，"女汉子"和"女神"的反差制造出了笑果；《小棉袄》中，"二手货"是通过情境错位的编剧技巧来制造笑料所必然用到的词语，小品中的"父亲"不可能真的把"女儿"视为"二手货"；讽刺官场丑态的《投其所好》中，男性借体育特长接近领导，女性借姿色得到提升，好像也挺自然。"四十岁阿姨还未结婚"想反映的也是警察热心为民。说这些用词是歧视女性，是不是太敏感、想多了？或者，干脆认为歧视不过是弱者的一种心理问题（仿佛歧视只是受害幻想而非客观事实）？

歧视是在关系之中产生，私下嘀咕不构成歧视，但若将词语抛向他人就会迎来对方的反应。 公共领域中，任何个人不应当因个体特征如肤色、体形、口音、相貌、性别等遭受评点和非议，也不应因此受到差别对待，这是现代文明社会的基本常识。 小品表演形式的公共性决定了它的创作手法也应当符合公共领域里的语言规则。 当小品要选择使用嘲弄这样一种喜剧手法来制造笑料或讽刺现实的时候，尤其要慎重，因为它必须要注意是在怎样的情境下使用这些词语，词语所涉及的群体的可能感受。 更有责任感的编者，还会留意整体的社会舆论和小品创作之间的可能关系。 同样，作为观众，在觉察到节目中存在不尊重他人的成分时，也有责任节制自己的笑声。 一个群体应当考虑到其他群体（他们似乎同样有权生活在这个星球上）的情感，这么说应该没有意见吧。

也未必是台词所涉群体中的所有人都会感受到"歧视"。这不是一个谁强大谁孱弱的心理问题，而是一个对弥散在日常生活中的歧视现象是否具有敏感度的问题。 当一个女性越来越具有平等和尊重的需要，就会越来越无法忍受不尊重女性现象的发生。 当然各自的处理方式可能不同：也许是一笑置之，也许是大声抗议，但那不代表她们缺乏共识。

可喜的是，已经有太多人对羊年春晚上那些让人头皮发麻的拙劣桥段竖起中指。 舞台语言与性别歧视——他们在脑海中迅速地完成了对二者关联的论证，因为他们深知"歧视"的表现形式，绝不仅仅是残杀女婴、就业排挤那么显而易见。 歧视是制度、法律、文化等多重机制合谋的结果。 在一个本来就充斥着对

第一辑　性别与社会

女性的种种规范束缚的文化氛围里,"女神"和"女汉子"在小品中的出现,无非是在强化男性主导的审美观(女汉子的反转并不足够成功);在一个女性职场上升空间受限、女官员的工作能力总是被色情联想所忽略的环境下,"睡觉"等台词的出现,等于在进一步加剧对女性领导群体的不公评判;而"二手货""阿姨四十岁还未嫁",则是对在"剩女""齐天大剩""灭绝师太"等嘲讽语言下艰难突围的单身女性们的残忍补刀。

那么,接下来就很容易出现一个伪问题:嘲讽是喜剧常用的手法,什么都不让说,那喜剧怎么活。这种论调试图偷换概念,将取笑他人等同于喜剧嘲讽。喜剧的确可以嘲讽,但好的喜剧,是将嘲讽的矛头对准陈腐的观念、傲慢的权威,以巧妙设计的情节来针砭时弊。曾经春晚上出现的《打扑克》《英雄母亲的一天》就是这样的优秀作品,只有那些低级趣味的丑剧、闹剧,才乐此不疲地盯着他人的弱处、短处来做文章。只是这么多年来,前一种小品几乎绝迹,后一种小品霸占舞台,其实这样的小品,说它是一种喜剧形式,真是羞辱了喜剧。

为什么卓别林塑造的那个穿着大头鞋迈着鸭子步的人物形象如此滑稽可笑,却不会被认为是对他人的丑化,反而获得了成功,赢得了世人的喜爱?这里还有一个编导意识的问题。当编剧和导演是与人物处于平等的地位,将对象视为血肉饱满的个人并与之感受命运的每一时刻的时候,那么,这个小人物虽然行为滑稽可笑,但人们在笑过之后会意识到他是与自己一样真实的个体,笑声所唤起的是观众心中的同情心正义感。当编剧和导演本身就不具备任何态度与立场,仅仅把人物视为一个搞笑的工具,而非一个需要进入其内心世界、需要理解的"人"的时候,那么，小人物身上的丑陋和瑕疵，就不过是专门用来满足所谓合乎规范的正常人的优越感的，这种笑，实在邪恶。

所以，台词或逗乐的形式本身并不构成问题，问题还是出在编导意识上。那些产生歧视效果的台词，换一种方式来使用，也许会起到相反的效果。比如《喜乐街》，贾玲本身是少有的女喜剧演员，在通常是男性发起幽默，女性含笑配合的互动模式中，女性忽然成为幽默的发起者，这本身就具有挑战性别规范的意味，就像方芳的《女人说相声》一样。假如借用"女神"与"女汉子"的说法，在情节上往嘲弄制造了这些词汇的性别规范上走，往倡导多元的女性美的路子上走，何尝不是更符合社会的主流？只是，由于缺乏鲜明的性别意识，小品最后变得不知所云，好好的人才和素材被浪费了。

其实，被春晚节目挤兑的人远不止女性。春晚摄制组假定电视机前观众都是异性恋的、有家有孩的，那些有不同性取向的、不同生活方式的或是孤老空巢失独家庭，或者很少被呈现，或者要被以异性恋家庭为观众的节目冷不丁嘲弄一番。别高冷地说你可以选择不看啊，真有范儿的话，去追问一句：春晚你为什么上这么Low的节目，你能不能停播啊。过几年，该是二孩万岁，四口之家连轴登台了吧。

也许女权主义者的抗议会被指责为没有幽默感，这样的误解真让人无语凝噎。就像雾霾久了想不起蓝天，当人们在一个以取笑贬抑他人为乐的、毫无权利和尊重意识的环境生活久了，会失去对一种健康的、正常的生活方式的想象力。女权主义者从来不缺少的就是幽默感，今天的反对只是为了消除现存的、不平等的基础上的不健康的幽默感。当女性不再需要为了让自己显得可爱友好而对歧视女性的话语强作笑脸,她们才能够自由自在地发现和发展属于自己的幽默感。

这不,要求停办春晚的全球联署活动开始了。我以为,这样的行动是具有真正的喜剧精神的。历史不断前进,经过许多阶段才能把陈旧的生活形式送进坟墓,世界历史形式的最后一个阶段就是喜剧。这是马克思同志曾经说过的一句话。

终将被淘汰的性别观

背景: 2015 年 1 月 12 日,著名哲学家、作家周国平在微博上发表了一通针对女性的言论,让许多网友在评论和转发中大呼"幻灭"。其微博内容是:

"女人比男人更接近自然之道,这正是女人的可贵之处。男人有一千个野心,自以为负有高于自然的许多复杂使命。女人只有一个野心,骨子里总是把爱和生儿育女视为人生最重大的事情。一个女人,只要她遵循自己的天性,那么,不论她在痴情地恋爱,在愉快地操持家务,在全神贯注地哺育婴儿,都无往而不美。"

"我的意思不是要女人回到家庭里。妇女解放,男女平权,我都赞成。女子才华出众,成就非凡,我更欣赏。但是,一个女人才华再高,成就再大,倘若她不肯或不会做一个温柔的情人,体贴的妻子,慈爱的母亲,她给我的美感就要大打折扣。"

之后,该微博被删,周国平发声明如下:

"在微博上刊发 24 年前的两段文字,竟招来污言秽语的滚滚浊浪,深感惊愕。我当然不认为这些人是今天的新女性,难以想象这支水军是如何集结起来的,丑恶的语言也极其雷同,我无意为之提供喷泄的场地,只好改变不删微博的习惯,悉数删除。特此说明。"

上午在微博上看到一位网友说,周国平先生可能并没把自己

第一辑 性别与社会

放在"对手"的位置上。没有"对手"不成"讨论",而讨论空间的营造是比单向的批评更艰巨的任务。没想到很快,下午就看到了澎湃贴出的周国平先生对此次事件的回应文字。坦率地说,对于周国平先生在受到多方批评之后坦然站出回应的姿态,我心怀敬意。暂且不论他的回应是否到位,对某些概念的认识是否准确,他的态度本身是哲学家式的:回到言词,进行辩论。在一个讨论空间极难形成的今天,感谢周国平先生开了一个这么好的头,而且他崇尚理性,这点尤其值得尊重。他这篇回应文章分五部分,下面我也从五个方面来进行评论。

一

在第一部分,周国平先生自己先道出在网络上备受批评的两段话的出处。原来,这两段话是出自1991年8月的一篇文章,题为《现代:女性美的误区》,他还特意说明是应《中国妇女》杂志之约而写,刊载在同年第10期上。但是他"绝对想不到的是,发出仅一小时,竟有几千条评论,而且充斥着谩骂和脏话",他的感觉是"污言秽语的浊流朝我滚滚涌来。20多年前写得很平和的文字,今天竟然会掀起轩然大波,真是匪夷所思"。

几千条评论,说实话,我并没逐条去看。不过,以网民的多样性,如果说里面有谩骂和脏话,"污言秽语",也并非不可能。周国平先生斥其为"浊流",并不奇怪。但是,让我感兴趣的是,周国平先生说他"想不到""匪夷所思"——他为什么会"想不到",会对"20多年前的""很平和的文字"引起轩然大波,感到"匪夷所思"呢?

文字是否被批评,首先要看内容是什么,和成文时间、语言风格并没有太大关系。一段20年前的文字放在今天，引起争议，反倒可以理解，因为时代变化了。而且，这段文字在当年未必就没有人批评，只是当时没有网络，批评的方式不同。

让周国平先生匪夷所思的，是不同时代女性对同一段文字（或者对他本人？）有很不一样的反应吗？如果是，那倒事出有因。

他发表这段文字是在1991年，离1995年世界妇女大会的召开还有四年。20世纪90年代初流行的女性话语中有一些共同特点，比如社会性别的自然化（女性生育顺应自然）、强调个体的素质和能力建设（女性自立自强），等等。这些说法强调两性的差异，对革命时期的无性别话语构成了反动，颇受知识精英推崇。对女性个体素质和能力建设的强调，能为女性提供更多自主空间，对女性气质的强调也能让女性摆脱无性文化的束缚，因此也受到女性支持。但是，哪一个才是真正的女性美呢？应该主张女性自主，还是应该强调女性与男性的生理差异，强调为人妻母的职责呢？

周国平先生20多年前对"女性美"的界定或许能代表当时男性知识精英的看法：

"我不知道什么是现代女性美，因为在我的心目中，女性美在于女性身上那些比较永恒的素质，与时代不相干。她的服饰不断更新，但衣裳下裹着的始终是作为情人、妻子和母亲的同一个女人。"

"一个女人才华再高、成就再大，倘若她不肯或不会做一个温柔的情人，体贴的妻子，慈爱的母亲，她给我的美感就要大打折扣。"

——《现代:女性美的误区》

第一辑　性别与社会

这是"旗帜鲜明"的男性中心主义价值观：女性独立，很美，但比这更重要的还是做妻子、母亲。

这种观念很容易被男性接受，但他们未必是周国平先生的粉丝，对周国平先生文字中流露的细腻情感他们或许也不太能接受。女性则不然，对有着细腻情感，语气也多流露出对女性的理解、爱护的周国平先生，女性回报以同样的热爱。90年代初，尚不具有明确的性别/女性意识的女性群体，还难以识别出周国平先生文字中存在的男性中心主义。周国平先生对此恐怕也是无意识的。我是女性主义者，他甚至说。

另外，文章在《中国妇女》杂志上刊出，并不能说明什么。20世纪90年代的《中国妇女》已经不再像之前那样有明确的女性主张。登载周国平的文章并不奇怪。

可是，现在是21世纪。周国平先生真的不知道这20年间发生了什么吗？对此我倒也匪夷所思了。今天的女读者早已不是20年前的那一拨儿。虽然今天的女性依然面临诸多困境，但她们中的很多人，尤其是更年轻的一代，已经很明确地知道，女性美，不是由哪一个男性来定义了，女性要争取女性美的定义权，这已经是很多年轻女性的共识——即便有时候这种美男性也是喜欢的，但那也是经过女性自己的审视和思考呈现出的美，是女性自决的结果。

二

从这一部分开始，他开始回应网友的批评。当然，他始终认为很多批评是"攻击"，事先就界定了那些言辞是非理性的，这使他失去了真正认识问题的机会。其实很期待周国平先生能克制愤怒,从他所认为的"攻击"里,找出真正的批评之词予以反驳。他也这样做了,认为"已经撇除了谩骂和脏话的泡沫,实质内容只有一条,就是男权主义"。这点倒是总结得对了,可遗憾的是,他举出并试图辩论的"攻击者"的"两个逻辑"却完全不在道上,换句话说,他知道有人批评他是男权主义,但不知道他人的依据是什么。

他列出"对手"的"第一个逻辑":"你主张女人做温柔的情人、体贴的妻子、慈爱的母亲,就是反对女人有独立的自我和事业。"

周国平先生怎么从"攻击"里清理出这个逻辑的,不得而知。这里有必要再重申一遍的是,他这句"一个女人才华再高,成就再大,倘若她不肯做一个温柔的情人,体贴的妻子,慈爱的母亲,她给我的美感就要大打折扣"之所以会引发批评,并不是他有"反对女人有独立的自我和事业"之嫌,而是在于,他把情人、妻子、母亲这些身份置于作为独立主体的女性自身价值之上。

但周国平先生在对他人的观点和逻辑都没弄清楚的情况之下,就开始举例自我澄清:我从来没有反对女人有独立的自我和事业啊,并以自己一篇文章为证——我还谈了女性的觉醒呢。是的,他当然不会反对女人有独立的自我和事业。他的问题在于,女性即便有独立的自我和事业,她在价值上也是输于情人、妻子、母亲的价值的。甚至这个"自我和事业",也是服务于做一个更称职的"情人、妻子和母亲"。显然,对这样男性中心的论调,越来越具有自主意识的女性必然要站出来反驳了。正如闫红所说:"周国平的不幸在于,如今这个时代,女性的自我意识在觉醒,越来越多的女人懂得,成为自己,应该优先于成为情人、妻子和母亲。"

在错误归纳对方观点的基础上，周国平先生进一步认定这样的女性自我是"虚弱"的，认为攻击他的人就是那种"一听说女人还有大自然所赋予的使命就如临大敌"的虚弱的女人。真不知他是依据什么做出如此想象的。这里将错就错地回应一句：女性自主与生育从不矛盾，女性自主表现在生育问题就是，女性应是生育与否、生育周期与数量的唯一决定者。别拿"大自然所赋予的使命"这样的空话吓人，将女性自然化不过是将女性价值固化在生育功能上的常用话语策略，在二元论里，自然是理性的对应面，从而为将女性非理性、非人化、客体化埋下了伏笔。周国平先生是哲学家，对这一点，应该是清楚的。

周国平先生接着列出对手的"第二个逻辑"："你主张女人做温柔的情人、体贴的妻子、慈爱的母亲，就是侮辱不婚不育的女人"。他认为读者完全没有注意他的语境：他的这句话，是针对已在恋爱、已婚育的女人说的。是的，语境非常重要，可是，在这样一个语境下，他说了些什么呢？他接着强调，（我的）意思只是说，"作为情人理应温柔，作为妻子理应体贴，作为母亲理应慈爱"。

好一个"理应"！简直要为周国平先生的霸气直率击节赞叹，他当然可以说，这是他的个人审美，本无可指责。但是赞叹之余，又不禁为他审美观之单一感到一丝遗憾，因为他又说，"总不成做泼女、悍妻、虎妈才是正理吧？"多么熟悉的二元思维，女性之美除了温柔体贴慈爱，就一定是这些词的反面？词汇和想象如此贫乏，真有些辜负那些爱他的女人。

他继而说，"女权主义向多数宣战，把嫁人生子判为陈旧的传统观念"。 不知道有哲学家头衔的周国平先生关于女权主义的知识从何而来？ 女权主义流派纷呈，即便是其中有激进的一派曾经号召女性不婚不育以反抗父权家庭，那也只是告诉女性，结婚生育并非人生的唯一选择。 她们并没将结婚生子的女性视为对立面，更没向她们宣战，并用"陈旧、传统"这些词形容她们的选择。 相反，正是这些女权主义者在不断地为已婚生育的女性们争取婚姻内外的各种权利。

三

第三部分中，周国平先生说，面对自己的诚实是最根本的诚实。 难得他对作家有这样的认识，真心要点赞。 的确，正如他说，很多人没看过他的书，我也是。 之前从来没完整的看过他的一篇文章。 记忆中很多年前在书店翻过他一篇文字，大概是说婚姻的，说他和当时妻子约定，可以爱他人但不能相互欺骗（大意）。 当时看了的感觉是不错的，挺诚实。 没看过他的书，就无法评价他在《妞妞》和《岁月与性情》里的文字，也不清楚他在文章中到底做了怎样的"自我剖析"。 剖析难得，但是，周国平先生似乎也不必一下子把批评者都视为"单单挑出你的自我剖析作为罪证，对你进行道德批判"，他也不必认为批评者对探究"真实的人性"毫无兴趣，是在建立"道德祭坛纵情狂欢"。

"道德祭坛"是需要慎用的词。 周国平先生应当深知"道德批判"的玄奥，也许他是想借此唤起同情，但是，前提是，对方确实是对他进行了"道德批判"。 可是，恐怕这只是找不到反驳据点的他为了完成反驳的姿态，虚构出来的"道德批判"。

第一辑　性别与社会

他不直面问题，而是称自己不过有些"道德瑕疵"——试图与"道德批判"挂钩。问题是，几个流传较广的批评文章多是就文字而文字，就事论事，还真没见有谁如他所说的揪他的"道德瑕疵"。

但《南方周末》上的回忆文字是看过的。周国平先生澄清说，他并不同意邓正来的说法和建议。但是正如他自己所说，语句要放在语境下读。正是因为把他的原话放在语境下，放在一篇悼念好友的文章中，让很多人读出了一份足可掩鼻的自恋，当然他可能自己完全是无意识的。也许，很多读者首先是被这份自恋给吓到了，然后才开始分析他那问题多多的"女性意识"？

四

这部分中，周国平先生对网络言论进行了言辞较为激烈的回应，"在很短的时间里，这支怪异的军队是如何迅速结集起来的？而且所使用的武器，包括谩骂的言辞，人身攻击的内容，也是极其雷同，使人不能不感到其中有种联系和操练"。他把这些批评界定为"网络暴力"。

周国平先生大概是不太上网，也不用微博、微信的。网络上忽然形成一种集体性的反应，背后原因可能有很多，其中一种原因是，确实是有领导、有联络和操控。但是，这个原因的成立，是需要认定存在这样的一个机构：它具有无人可抵御的网络操控能力。目前，具备这种能力的机构大概不多。除此之外，还有另一种可能，就是，言论犯了众怒。这个"众"，未必是在问题的多个方面都达成了共识的"众"（仔细去分辨一下评论就会发现），这个"众"可能仅仅只是形成了一些底线共识。而周国平的言论,正好就触到了这个底线。这些平时并无领导、无联络也无操控(但这不意味每个个体不学无术和不守规则)的"众",自然就要发声了。发声时间上和表述内容上的相近,使得它们看起来像是"集结",但据此说它是有领导有联络和操控的,不仅有些轻率,还有些用阴谋论来回避自己的问题的嫌疑。

当然,互联网世界里,言论边界的不遵守,权利意识的缺乏,极容易形成网络暴力。这确实是需要警觉的事。但是将这一次的一致批评归结为网络暴力,并不准确。不过,周国平先生已经开始用被"野蛮人围剿"这类词来描述被批评的过程。他还调用了"文革"记忆,把自己比喻成"文革"时的被批斗者。不错,警惕"文革"重来、批评网络暴力,这都没有错。但是假如对基本情状做了误判,再锋利的修辞,也像是大刀向空气砍去了。

尼采的语言也出来了。"不要再伸臂反对他们,他们是无数的,而你的使命也不是做一个苍蝇拍"。他把自己放在了尼采的位置。当年翻译尼采的人,在这样的语境下援引尼采"语录",尼采知道了,会怎么想?

五

在第五部分里,周国平先生谈到了对"直男癌"的认识。很多人对这个词都持保留意见,因为过激、狠毒。这是这个词的问题所在。周国平先生说他起初对这个词不理解,然后在朋友的提醒下,才恍然大悟。那么,他悟到了什么?

他开始谈同性恋的问题。言下之意,似乎是把"直男癌"

理解为恐同症("同性恋,一个至今仍备受压抑的群落")。然后,他把自己扮演成牺牲者,说如果能通过这次批评提出同性恋问题,躺枪也认了。可是周国平先生在这里,又一次弄错了概念,失去了躺枪的好机会。

六

之前,没完整地看过周国平先生的文章。这是第一次。

实话实说,从这篇回应文字里,能觉察到他的诚意,他的努力求知的态度。他在努力了解网络世界,了解这个世界究竟发生了什么。但是,从他所储备的知识、调用的话语和反驳的方式来看,他对于这个世界是陌生的,他的知识世界是封闭的,他无法进入到一个新的话语体系里去了解他人的观点,了解那些批评他的人究竟在说什么。这真让人感到遗憾。其实,并不是所有的批评都无可挑剔,共识是很可疑的存在,太多似是而非的观点需要不断澄清。但是他的出场和回应,依然值得尊敬,这是他这一代知识分子身上非常可贵的品质。

文化反思

五四新女性的双面人生

被很多人奉为女神、拥有一丝不乱的人生的林徽因,在1936年5月7日给美国友人写了一封信,里面有这么一段话:"每当我做完家务活儿,我总觉得太可惜了,觉得我是在冷落了一些素昧平生的更有意思、更为重要的人们,于是,我赶快干完手边的活儿,以便去同他们'谈心'。倘若家务活儿老干不完,并且一桩桩地不断添新的,我就会烦躁起来。所以我一向搞不好家务,因为我的心总一半在旁处,并且一路上在诅咒我干着的活儿——然而我又很喜欢干这种家务,有时还干得格外出色。反之,每当我在认真写着点什么或从事这一类工作,同时意识到我在怠慢了家务,我就一点也不感到不安。老实说,我倒挺快活,觉得我很明智,觉得我是在做着一件更有意义的

林徽因

第一辑 性别与社会

事。只有当孩子们生了病或减轻了体重时,我才难过起来。有时午夜扪心自问,又觉得对他们不公道。"

这段话的价值在于,它出自于私密信件,因而显得真实:一边是以她为中心的沙龙——著名的"太太的客厅"——萧乾曾回忆说,在这个客厅里,"她话讲得又多又快又兴奋。徽因总是滔滔不绝地讲着,总是她一个人在说,她不是在应酬客人,而是在宣讲,宣讲自己的思想和独特见解,哪个女人敢于设堂开讲,这在中国还是头一遭,因此许多人或羡慕,或嫉妒,或看不惯,或窃窃私语";另一边,是那总也干不完的家务活儿。她不纠结才怪了。正是这种现代职业女性特别能感同身受的两难处境,让她的形象从那些人们乐于传看的完美照片中跳脱出来,变得真切可亲。

勇敢和鲁迅相爱的许广平,在一面做"新女性",一面承担起贤妻良母的角色的时候,内心也是有挣扎的。她在日记里写道:"他的工作是伟大的,然而我不过是个家庭主妇吧!"这种想法让她深感痛苦,但却没有改变她自愿的自我牺牲。她非常清楚内心充满矛盾的原因:"我想,我大约是有一点旧头脑、有一点新思想融合起来的一个东西。这东西也许被一些人所满意,如对手方面就是,然而自己本身则是不满意的,有苦闷

许广平与鲁迅

的——有时被新思想所指引,不甘于现状;有时又被旧道德所涵养,又安于现状。"

一个独立自信的女性,在鲁迅面前,感觉到自己的低下。她为此痛苦,并将痛苦的原因归为自己两面摇晃不够彻底。

可见,五四新女性的两面人生是带有一定普遍性的:她们受过很好的教育,自然而然地接受了妇女解放的思想,但是传统道德在家庭生活中并未退场。她们的自我已经觉醒,但在家庭里,仍要承担一个照料者的角色。这样的角色显然又是耗费精力,妨碍着她们的"伟大"。

这反过来证明了五四时期妇女解放运动的进步与不足。进步,当然是让女性步出闺阁,走向更广阔的世界。因为在当时的知识分子看来,中国之所以贫弱,其中一个原因,就是女性弱。

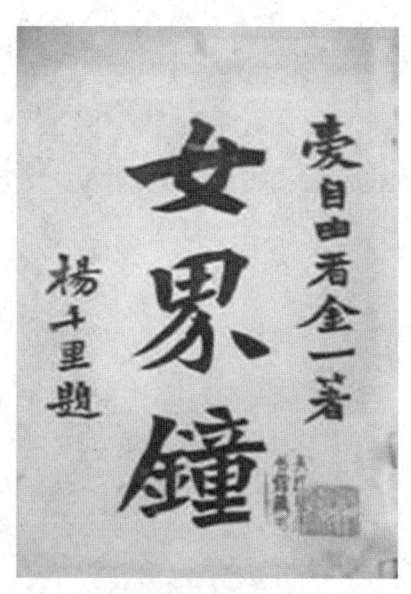

《女界钟》书影(金一即金天翮)

梁启超在《倡设女学堂启》一文中,将两性平等与合作看成是富国强民的先决条件。他认为美国"胜"、日本"强"的关键正在于推行了"男女平权";谭嗣同则在著名的《仁学》一书中认为"男女同为天地之菁英,同有无量之盛德大业",故而理应"平等相均"。江苏吴江的诗人金天翮,第一个敲响了女界"警钟"。他在《女界钟》一书中呼吁:妇女

第一辑　性别与社会

应享有"入学、交友、营业、掌握财产、出入自由、婚姻自由之权利"，被誉为中国"妇女界的卢梭"。

　　可以说，当时但凡自称进步的人士，都必定要主张男女平等和妇女解放，要鼓励女子受教育，参加劳动，从包办婚姻中挣脱出来。但是有意思的是，妇女的解放，在执掌主流话语的男性知识精英那里，是服务于救国图存民族解放这个目标的。就像梁启超所认为的，女权运动重点在于强国保种，女性在家庭生活中仍应以丈夫和子女为中心——至于女性自身的需求则在这种话语中被隐匿了。妇女解放的进程，止步于家庭。资中筠先生在《男子中心社会的"语境"》一文中所说的那种"他们还是喜欢回家被伺候的特权"的局面并没有被触动。五四新女性沐浴时代之光，呼吸自由空气，但是一回到个人生活，仍有无形的束缚，让她们只能在书信与日记里，悄声叹一口气。

智慧女性班：资本与文化保守主义的合作

课程安排	
模块一：提升审美 【读《诗经》，感悟传统文化】 【魏晋名士：开放时代的传奇人生】 【走进美的图城——古诗词鉴赏】	模块二：平衡身心 【《黄帝内经》人文养生之术】 【老庄之学——心理养生之法】 【社交礼仪与优雅气质塑造】
模块三：发现自我 【女性意识与身体写作】 【对抗"伪爱"情感的艺术】 【性别与历史】 【《论语》与国人性格建构】	模块四：品味生活 【插花艺术】 【香文化与香道】 【珠宝鉴赏与时尚搭配】 【禅心修炼之法】

"智慧女性班"的课程安排

无独有偶，当看到复旦大学中文系的智慧女性课程时，我的一位女性朋友正准备去参加一个幸福主题的灵修论坛，后者收费不高——只有复旦班学费的1/30，也不低——三天一共1000多。

作为朋友，我一点都不反对她去报这个班。如果她钱多得烧得慌的话，我同样不反对她去报复旦班。毕竟，从学习知识的角度来看，复旦班招生简章上列出的课程和配备的名师，以及为精英女性们绘制的那个仿佛触手可及的"饼"，还是很诱人的。招生简章上诱人的广告词在暗示手握重金的女性们：钱一付、班一上，整个人就脱胎换骨，命运从此不同。

这样的班，于个人或许并无大害（如果被骗了钱也无所谓的话），但是，当它和教育女性打不还手骂不还口的"女德班"并置的时候，就显示出它不过是后者的豪华升级版：都是在以陈旧的性别规范来调教女性。从未退场的男权文化藏身于商业包装之下，将具有普遍性的社会问题偷换为女性的自我修养问题。

陈旧性别规范的再推销

先来看看这个所谓的智慧女性课程所囊括的内容：礼仪、社交、优雅、精致、情感、关系、心灵。单看都是好词，只是，当这些词打包捆绑在一起，试图定义女性"智慧"的时候，一种具有规范意味的意识形态就开始现形。女性只有符合这些条件，才是智慧的，才能得到奖赏——幸福。由于这个班的目标人群是高收入女性，那么，已经在经济上享有自由的女性们可能重新跌入一种新的不自由当中，因为按照这些标准，你还不够规格，不够幸福。可是，这些标准听起来是如此耳熟，竟像是老夫子捻了半天胡须后咕噜出来的，那些早就跳出三道轮回，既不优雅也不精致，自在快活的女性，活该要被诅咒为"不幸福"了？不过，当我在课程设计中看到"女性意识与身体写作""性别与历史"等字样的时候，眼睛唰地一下亮了，几乎要以为这是一个经过巧妙包装的性别意识培训班了。当然，事实上，它们和整体设计风格完全不搭，是一次无关宏旨的串场。

缺位的男德班

与这些年相当盛行的以女性美德建设为主旨的这班那班形成鲜明对比的，是男德班的缺位。是因为精英男性们不需要调理身心灵，不需要整饬社交礼仪，不需要平衡家庭和事业吗？也许还真是不需要。在一个男性文化本身就是道德标准的社会里，被规制"德行"的只会是另一个性别的人。或者说,精英男性和精英女性虽然拥有相似的经济收入,却并不具备对称的性别地位。当家庭依然被认为是精英女性应当投入的领域的时候,男性自然不需要面对"平衡"的难题;当资本的累积和扩张才是精英男性津津乐道的成就的时候,他当然不必焦虑自己的形象是否美好优雅;当整个文化在每一个细节都为男性预留了合理解释的时候,他们少了很多所谓的身与心灵之间的矛盾。男德班的罕有、并不对称的办学格局,反证了男性在性别上依然享有的优势。

被回避的社会责任

和女德班一样,复旦智慧女性班也传授调理身心灵的各类方法,心理学的、中医的、禅修的。这些起着精神按摩作用的方法不触及关键筋脉,只对问题进行表面上的缓解。就像当年的于丹,今天的心灵鸡汤,那些把人绕晕的华丽辞藻和有意为之的情感铺张,的确是能够让一些不问事理、不穷究竟的人得到关于自身处境的似是而非的解释。这种方法的泛滥,对社会而言,是有副作用的。它以完全归责于个人的逻辑,豁免了社会应当担负的责任。而事实上,许多女性,包括精英女性所遇到的问题,如职场天花板、领导风格上的左右为难、经济独立后的精神困扰,等等,没有任何一个是与社会毫无关系的。要求女性"内外兼修"的解决方案,只是让问题在女性内部无限循环,并非真诚、切实的帮助。

商业、文化与政治的不谋而合

还需要看到的是,复旦智慧女性班和女德班拥有共同的治理思路,即以儒家式的、让女性"内外兼修"的方式,来平息现代女性的各种不安。情感、关系、心灵,这些都是向内求平衡,优雅、精致、礼仪,这些是外在的修养——仍然是男性目光打量下的女性形象再造,不是女性向外走时真正需要的扶助。而内外的界限之分,在传统社会中剥夺了女性进入文化和国家管理领域的权利,对女性的向外发展构成压迫。这样的方案,不仅不适合已经走到天地之间自由驰骋的现代女性,而且还带有一种试图将她们重新规限于家门之内方寸之间的企图。那些旨在为女性争取更多权利和自由的行动,在生存空间上完全无法和这类课程相比,后者受到商业和文化政治上的保守力量的青睐,以仿古的、伪儒的面目大行其道,所以,难怪会激起女性权利捍卫者的声讨与暴怒。

生男生女能一样吗

朋友怀胎十月终于卸货,得了个八斤重的大胖小子。听到消息的那一刻,公公婆婆紧紧相拥喜极而泣,就差在产房外焚香三炷跪谢老天。打电话跟亲戚报喜,毫不掩饰自己的喜悦:生的是"男孩!男孩!","男孩"二字说出时,音量都比平时高了八度。从医院回到小区,二老逢人就巴望着人家问:"生啦?"然后,腰杆笔直,以丹田之气响亮地回答:生啦!男孩!

朋友却一点都高兴不起来。她想起三个月产检时,当公公婆婆从相熟医生处得知可能是女孩时的表情,那个懊丧劲,就像从此要抬不起头做人一样。但他们很快就调整了心态开始自我安慰:孩子还那么小,看不准的!跟亲戚通电话支支吾吾:是男是女还不太确定。

因为有过这一出,朋友不敢想:万一她真的生了女孩呢?而且,她不想生二胎,万一生了女孩,她一定会被要求生二胎。为了表明她是现代女性,和公公婆婆那些"老封建"不同,看着怀里的男宝宝,她还特别跟旁人强调:我是生男生女都一样的,只要孩子健康就好。

不过,当她从侥幸生男的余悸中缓过一阵之后,态度也开始发生微妙变化。排除不必面对公婆冷眼相待和二胎压力的因素,她真心认为,还是生男孩好。为什么呢?她说,你看啊,男孩长大后不用承受这么多痛苦和麻烦:每个月来大姨妈、生孩子、生了女孩要受婆家人眼色、工作和生育间总有纠结、老了白发苍苍了还要帮着带孙儿孙女。她把自己身为女性的已有的和可能的遭遇都清点了一遍 —— 所以，你看，还是生男孩好啊。

说是生男孩好，我听到的潜台词却是对男人的羡慕，"还是做男人好啊，男人多轻松呐"。其实，她的想象力还不够丰富，或者说，她还没敢往更坏的地方想，她应该想：女孩还可能会被强奸，被性骚扰，被家庭暴力；女孩长得太胖太丑要担心，太瘦太漂亮也担心；女孩年龄大了不结婚会被称为剩女，结了婚要操心老公外遇没准还得机智勇敢斗一把小三，离了婚房产如果在老公名下她得不到一份，到老了跳个广场舞还被说成是难看的大妈。

另一个生了儿子的朋友则完全是从"做男人怎么都是赚"的角度来论证生儿子好 —— 以后谈恋爱谈成没谈成都是我儿子赚！我的这些女性朋友们看到了这个性别不平等的世界里女孩的遭遇从而希望自己的孩子能够不重蹈女性 —— 同时也是自己的覆辙。人人都是自利的，孩子少了麻烦，做母亲的省心，这样的逻辑也没什么错。

多少母亲就是这样，本着一种对自己的性别的不喜欢，对自己身为女性的某些经历的厌憎 —— 也就是所谓的"性别麻烦"—— 得出了还是生男孩好的结论。厌女症往往在女性身上比在男性身上体现得更明显，因为她们比男性更切身地感受到这个世界对女性的不友好、女性受到的各种束缚以及可能面临的各种危险。女性不爱自己的性别，向往成为男性，因为人人都想要成为优越者、获利者。就像同性恋者虽然相比异性恋者是身处边缘，但男同和女同又不一样，前者在性别上仍是强势性别，能在社会上占得身为男性的好处。

但是，自利狭隘地看问题，会使她们只看到问题的一面，即身为女性的不幸。她们看不到，让女孩遭遇不幸的文化，完全可能同样伤害到男性。男孩在这种女孩得不到自由成长的文化里，可能被强制要求成为一个强悍的、勇猛的、不随意表露情感的人,也就是常说的"男子汉气质",这让男孩在不能达标时倍感挫伤并自我怀疑。妈妈们应该看到,男孩也有可能被性侵、可能遭遇家庭暴力,而且这些伤害可能就因为他们是被认为不会遇到这些问题的男孩而被忽视。我那位说男孩谈多少次恋爱也是赚的朋友,完全就把自己儿子当成了一个没心肝的淫棍,忘了男孩也同样会有情感创伤,一旦遭遇挫伤,他得到的可能不是来自母亲的理解,而是轻蔑的一句:怂样。

当老一辈人渐渐故去,像"传宗接代"这样一个支撑着男孩偏好的观念也会渐渐失去市场。让现代父母依然偏好男孩的原因中,恐怕有一部分就是对女孩境遇的忧心。只要男女不平等还存在一天,女孩就会有不同于男孩的种种困境,父母就依然会倾向生男孩。就算意识上已进步到"生男生女都一样",在情感上、实惠上,还是觉得男孩更好:我反正改变不了这个男女不平等的社会,能让自己这辈子少操点心孩子少受点罪也没错。在这样心理的驱使下,父母对女孩会增加更多管束以避免她受到可能的伤害,对男孩则会因为认为这个性别依然优越,进而对指向男孩的伤害和性别压迫失察。要改变这种情况,需要做的是创建让生男生女真的都一样的社会条件。也就是说,不是通过"男孩是建设银行女孩是招商银行"这样一种纯粹基于经济考量的新式俚语来自我安慰,而是要让每一个性别的人都能接受自己的性别并尽情享受属于这个性别的乐趣:大姨妈未必是苦恼、生育和职业没有冲突、养育不再是女性一人的职责,男性也可从中享受同等的乐趣;男性不再能享受性别红利,也不再被要求"男儿有泪不轻弹"地扛过漫长的一生。

第二辑 性别与影像

"真正的快乐来自对未来快乐的白日梦。"
————拉康

"肉体中存在反抗权力的事物。"
————伊格尔顿

声音档案

|《孟小冬》：声音确证我的存在

"冬皇"孟小冬

许多人知道"孟小冬"这个名字，是从电影《梅兰芳》开始的。剧中讲述了京剧大师梅兰芳在盛名时期的一段情感故事。故事中的女主角，便是当时著名的女老生孟小冬。可惜，故事讲得别扭不算，那演孟小冬的女明星更是败笔到家，把一位有着传奇身世、惊世才华的绝代佳人，演成了肥皂剧中不招人待见的可怜小三儿。齐家有后人出来骂剧中对齐如山的丑化，孟小冬的这笔账，谁来帮她清算呢？

难得一回写进电影，命运却和当年一样，只有能满足世人猎奇之心的那段爱情故事被津津乐道。完整的孟小冬，和梅兰芳没有关系的那个孟小冬，作为余派老生传人、一生追求纯正雅音的

时代镜像中的性别之思

孟小冬与杜月笙

孟小冬,并没有太多人想知道。事实上,除开那个她注定摘不掉的"梅的女人"的帽子之外,她还有着更加饱满更有价值的人生故事留待后人书写。比如,她在京剧艺术上的成就。比如,她和杜月笙之间的故事。她的人生故事,就那样,被人漫不经心地涂抹篡改,她的身影,就那样,淹没在流言蜚语和小报野史堆积而成的层层雾霭之中。

若干年后,终于有一位骨灰级的戏迷,一位卓越的女剧作家、一位熟谙京剧史的文学教授,用她同为女人的细腻心思和才情恣肆的雅致词句,用最适合孟小冬的戏剧形式,为她正式"立传"。这位罕有的集学问家和创作者两个身份于一身的优秀女性就是台湾大学戏文系教授王安祈。她将自己"从妈妈肚子里就培养起的"(母亲是戏迷,怀孕时还常去看戏)对京剧的热爱与多年来在京剧创新方面积累的丰富剧场经验相结合,创作了一部融戏曲、电影、舞台剧等多种艺术形式为一体的京剧演唱剧——《孟小冬》。

她用"对声音的追寻"概括孟小冬为艺术而生的一生,用"死前回望和灵魂出游"的表现方式来展现她人生中最重要的几个阶段。这概括是那么准确,编排是如此精妙,想必只有孟小冬在今世最默契最相投的知音方能做到。

饰演孟小冬的,这回总算找对了人。除了这位演员,大概也

第二辑　性别与影像

难找到第二个人来演她。这位演员就是梅派青衣出身却勇于挑战一切艺术上的可能,用扎实的身上功夫自由穿梭于老戏和新戏、东方传统和西方观念之间的国光剧团当家花旦——**魏海敏**。在孟小冬之前,她已经将梅派演绎得出神入化,之后,她又突破创新,尝试过莎剧改编的《欲望城国》里凶狠毒辣的麦克白夫人,尝试过张爱玲小说改编的

魏海敏饰演的孟小冬

《金锁记》里扭曲压抑的曹七巧,而这些经验的累积似乎最终都服务于这一个目标,这就是——《孟小冬》。王安祈老师承认说,这部戏的确是为魏海敏量身定做的。这个角色,也只能她来演,只有她能演。一出戏,几小时,几乎是靠她一个人撑下来的,而且,虚实两个空间,青年老年两种扮相,生旦两个唱腔,梅余两种流派,需要演员能游刃有余自如转换,这个人,除了魏海敏,还能有谁?

于是,我终于在舞台上看到了最清纯雅正、最对得起孟小冬的《孟小冬》。我看到了由孟小冬—王安祈—**魏海敏**,这三位有着共同艺术信仰和至情至性人生阅历的不凡女性,共同写就的一出女性大戏。作为女性,面对如此盛宴,只有默默地,将全部身心都交给它。

看戏。一切都回到戏。回到艺术。回到人性。

《河东狮吼》:这是女权的胜利吗

香港电影《河东狮吼》

《河东狮吼》是一部港产喜剧片。张柏芝与古天乐在其中饰演一对情侣柳月虹与陈季常。陈书生文弱英俊多情,柳性格泼辣武艺高强,最痛恨男人寻花问柳三心二意,可还是挡不住陈季常在外偷食。忠贞痴情的柳月虹冲破阻力捍卫自己的爱情,最终感天动地,赢回了爱人的心。

历史上确有陈柳二人。陈季常是北宋人,还是大文豪苏东坡的好友。他的妻子柳氏以彪悍出名。苏东坡有诗嘲笑陈季常:"龙丘居士亦可怜,谈空说有夜不眠。忽闻河东狮子吼,拄杖落手心茫然。"柳氏于是成了历史上著名的"悍妻",河东狮吼则成了悍妻的别称。

戏曲也从中取材,昆曲中就有著名的《狮吼记》。其中一出折子戏叫《跪池》,讲的是陈妻不满陈季常违反约定偷跑出去玩,罚他跪在池边反悔,唱词中含沙射影,把老公的"损友"——大才子苏东坡还痛骂了一番。似乎悍妻驭夫本就是民间喜闻乐见的喜剧桥段,丈夫在妻子面前,像犯错的孩子面对母亲,偷偷摸摸,几次站起又重新被罚跪下,如此几回,看

第二辑　性别与影像

得观众笑声不断。

用今天的术语来说，这应该称得上是"家暴"了吧，而且还是女人对男人"家暴"。谁说中国女性地位不高呢？！"悍妻"和气（妻）管炎、床头柜（跪）这类词汇一道，常常被用来证明中国的家庭里，女性并不软弱。甚至，还可能得出结论，说这就是女权的表现呢。

夫妻之间的相处模式本无定规，性格的强弱也与某一个性别没有必然关系，"悍妻"类型历来就有，并不能说明社会整体上女性地位就高。一部分妻子学了所谓

戏曲人物画《跪池》，高马得作

的"驭夫术"，在小家庭里得到了掌管权，也和女权关系不大。女性地位的高与低，要看是这社会是否给了女性生存发展足够的空间，对于女性的各种选择是否给予了足够的尊重。女权，也不是说女性可以统治男性，这种统治论恰恰是男权的翻版。女权说的不过是女性应该享有与男性同等的权利，如受教育权、劳动权、选举权。那种认为女人也可以"家暴"男人的，是在按照男权中的暴力征服的逻辑对待男性，并非真正的女权。

而且，柳氏这样的"悍妻"并非真正意义上的暴力统治者。她在本质上符合的是儒家传统的贤妻标准：表面虽"悍"，但这个悍是出于对家庭的捍卫和对丈夫品行的督促，就算她的行为偏

执古怪（用狮吼功或"体罚"），也丝毫没有逾越儒家社会为女性设定的标准：忠于家族，辅佐丈夫。"悍妻"，其实是泼辣版的贤妻，她不仅不会受到社会的鄙夷，反而会成为社会推崇的一种女德样板，所以，"悍妻"也许会被人们笑话，却从来不被社会排斥。她最终是在加固儒家的文化传统，而不是要冲破这重设置的造反者。

"河东狮吼"并无贬义，它其实是一种调侃式的嘉许：女人以另类的方式调教丈夫以使其更加自律规范。这样的贤妻是值得鼓励的。其实，民间总是特别热衷编织类似的故事，来为女性树立贤妻的榜样，就像树贞节牌坊一样。例如，唐传奇《李娃传》中，名妓李亚仙为鼓励情人郑元和上进，不惜刺瞎双眼，自毁容貌，而这样的女人，却被称为"烈女"，是被歌颂的对象。于是昆曲《绣襦记》里就有了《剔目》一出。如此血腥和反人性的举动，放在今天，肯定难以让人接受。

昆曲《绣襦记·剔目》中的李亚仙（余彬饰）

第二辑　性别与影像

|《不能说的夏天》：是什么堵住了我们的嘴

白白（郭采洁饰）与李教授（戴立忍饰）

台湾电影《不能说的夏天》以真实的性侵案为基础拍摄而成，电影的关注点却不全落在"性侵"上。虽然整个剧情都是围绕着"性侵是否成立"这一法律争讼来推进，但从影片一开始就可发现，它用这一争讼串联起了各个不同的女性故事——不同年龄、阶层和族群的女性生命故事。这些女性在不同层面，以不同方式与性侵事件发生交集，在事件一步步展现的过程中，每个人的生存困境也一点点呈现出来。

换句话说，性侵是全剧的主题，存在论意义上的女性问题才是潜在的真正主题。"不能说"的，不只是性侵受害者的内心隐秘，还有台湾社会中不同女性在政治风潮、社会变迁以及文化习惯中所承受的种种无名伤痛。

比如首先出场的方律师，她很像社会中常见的某类成功人士：为了利益不择手段，有着职业性的或是出于本性的冷硬市侩。这样的人照理说应该活得没心没肺才对，但事实却是她过得并不快乐。丈夫不断打来的斥责她不尽母职的电话显示，她是家庭生活的逃离者。职业上的成就并不能减免她对孩子的照顾责任。

方律师(右,徐若瑄饰)与中学时期女友(周幼婷饰)

当然她的出逃可能有更复杂的原因,如影片中暗示她在女中时期曾放弃过一段同性恋情,如家庭生活可能本来就不适合她——不管怎样,影片是将她塑造为一个所谓的"价值迷失"者的。"价值迷失"的原因可能是信仰缺失,也可能是文化对女性的双重要求。总之,她远不像外表看起来的那样强大和无所不能。她会在不经意的瞬间被沉重的无助感击溃,会沉溺在一夜情中获得暂时的麻醉。但是这样的感受,在一个残酷的利益搏杀场上,是不能说的。

林律师(性侵女生的李教授的妻子)人物性格更为复杂。她长期以律师身份协助原住民的环境保护运动,这足可证明她具备公义之心和关怀弱者的良善之心。而且,以她的洞察力和多年夫妻生活积累的经验,应该早就知晓丈夫的劣迹。但她居然可以佯装无事一样抹黑事实为丈夫辩白,心中的愤怒也只能在法庭的掩护下隐晦地发泄出来。

这种分裂的状态,或许可从她与丈夫的对话中找到原因:当年,是她,把家庭带离了政治中心,让丈夫失去了收获政治利益的机会。或许是出于补偿心理,或许是因为和丈夫仍是精神同盟,也或许是为了维护中产阶层家庭的完美生活假象,深谙法理崇尚公正的她倒向了天平的另一端。至于在这个过程中,她经受了什么,心里发生了什么,是不能说的。

还有镜头不多但性格分明的白白母亲,一个因为一段不容于社会的恋情而困在羞耻感中的倔强母亲。她是比方、林更早一代的女性,那个年代对女性情欲有着更为严厉的约束。另外,还可注意到虽然只是一笔带过的男孩木宏的姐姐,台东常见的以青春肉体招徕顾客的槟榔西施,以及在沙滩上拾捡垃圾的木宏母亲,一位感叹生活再也回不到原来状态的原住民阿妈。如若仅仅只是表现性侵案,这些女性形象完全可以不出现。她们之所以出现,应该是导演有意安排。想表达的,应该也是对不同族群女性的关怀。

随着庭审的逐层推进,影片的调子也渐渐明朗,最后迎来了并不意外的大结局。每个人物似乎都因为这个案子发生了自然可信的变化,方律师与女中同学、与家庭达成了和解,林律师离开台东逐一为丈夫侵害过的女生进行赔偿,原住民的利益最后也得到维护,商业项目被成功抵制。这样的情节设计未免有些俗套。其实,只要我们了解到造成这些创伤、令这些女性集体失语,让这些弱势族群艰难求生的是那个顽固的社会制度与权力结构,而不只是某个具体的个人或是某个势力集团,就不会相信方律师的困境可以通过获得儿子的原谅来解除、林律师的伤痛也不是仅仅通过替丈夫赎罪可以治愈,原住民美丽湾行动的胜利也丝毫不意味着他们从此就可以自决本族群的事务。

我们其实可以问一声，为什么，有那么多的"不能说"？是因为害怕？因为不信任？其实即便是作为施暴者的李教授，也有太多的"不能说"：他的懊丧与失意。一个一个闷声不响的个体注解着这个时代的压抑本质——即便有社会运动有文化反思有市场化不断开掘出新的言说空间。对性侵的发声是一个可喜的开始，它可以让恐惧者不再恐惧，让羞耻者不再羞耻，让弱者不再困顿于自身的命运。

第二辑 性别与影像

|《窃听风暴》:掉转枪头的伦理依据

斯塔西,就是东德时期的秘密警察。 昂纳克等东德领导人曾经坚信,在无法挽回民心的情况下,让一个失去公信力的政权维系下去的撒手锏,就是秘密警察斯塔西。 英国历史学家弗雷德里克·泰勒在《柏林墙》一书中指出,在德意志民主共和国存在的40年内,至少有60万人为斯塔西工作过。 一些专家更是宣称这个数字高达一两百万。 即便只算编制内的人员,即拿薪水的人的数量,那么每320个东德人中就有一个斯塔西。 相比之下,在希特勒德国,盖世太保的人数只有20000,即3500百名德国人中有一个盖世太保。 将东德时期的斯塔西比作一堵人肉砌成的柏林墙,一点都不为过。

与一般的反映极权国家中个体命运的电影不同,《窃听风暴》对准的不是与国家机器正面发生冲突的英雄人物,里面也没有秘密警察被劝降,继而幡然悔悟的桥段。 影片里,这个忠心耿耿为国家卖命的人,最终竟主动的、甘愿的,用曾经对付异己分子的手段帮助他们。

听起来有点不可信。 作为一个笃信现行统治的正确性、以揪出可疑人士为乐的高智商技术

《窃听风暴》海报

狂人,这个叫维斯曼的斯塔西在极权体制中唯一的可能就是变成一台冷漠、麻木、失去反思能力的机器,一个彻底的"非人"。就像希特勒的手下,关键时候会以全家人性命为他追随的"信念"殉葬,而不是掉转枪头,背叛组织。但是,看这个片子的时候,你又会觉得维斯曼的转变合乎逻辑、自然可信。

影片一开始,观众就知道维斯曼是斯塔西机构里的精英。他手段高明,经验丰富,善于并乐于操纵他人心理从而成功攻破他人心理防线。他还是个工作狂,热衷挑战,有极强的职业荣誉感。如果不是做斯塔西,他也一定可以在别的领域里取得顶尖成就。当然,这样的人往往有些许清高,不懂逢迎,在官僚体制里待得也有些憋屈。当颇有影响力的剧作家德莱曼被当局认定"唯一不具危险性的作家"时,他很不以为然,自信能在德莱曼身上发现这群庸人发现不了的破绽。为了证明自己,也为了立功,他主动申请去监视德莱曼。当然,必须要提到的是,德莱曼有一个漂亮的、许多人都很爱慕的演员女友。维斯曼也是她的粉丝之一。

德莱曼为维斯曼写的书"献给好人的奏鸣曲"

第二辑　性别与影像

　　他投入了前所未有的精力与热情，亲自在德莱曼家布好蛛网般的监控线路，然后，每天守在对面的房子里，一刻不离。德莱曼和演员女友的生活细节尽收他眼底。他仿佛上帝，全知全能。本以为一切就这样，等他发现德莱曼敌通西德的证据后将他抓获。但是，意外发生了。

　　他爱慕着的那位美丽的女演员，长期被迫委身于一位有生杀予夺大权的文化高官，而德莱曼对此一无所知。只有他，能通过监视器，了解她全部的屈辱和痛苦。为了结束她的痛苦，他悄悄地动用手中的权力，如让门铃提前响起，让德莱曼终于发现女友和高官之间的交易。在德莱曼阻止无效，女演员打算再次赴约时，他按捺不住了。酒吧里，他以爱慕者的身份，向正在犹豫的女演员表达了他的观点：无数的人热爱她，她应对自己的地位有足够的自信，不必去做任何自己不喜欢的事。这一次，女演员终于折回了家，没去赴约。当维斯曼在监视器里看到回家后二人重归于好激动热吻时，表情麻木的他也不禁为之动容。

　　一种在他生活中缺乏已久的东西渐渐回来。这就是属于人的"情感"。情感的复苏，又源于监视器两边的生活对比。在斯塔西机构里，他没有朋友，没有爱人，乏味、单调，根本没有人的生活可言。通过监视器，他像观众收看电视剧一样，收看到了一个有血有肉、有恨有爱、有笑有泪的"情感"世界。正是情感的诱惑和力量，以及通过手中的权力改变他人命运的满足感，让他的心理开始倾斜。这不是阵前的轻率倒戈，而是有情感作驱动力的挺身而出。他为了交差开始编写不实记录，对德莱曼明显反动的举动也不上报。虽然，他也曾有过动摇和犹豫，但在最后关头，他还是冒着生命危险帮助了德莱曼。

情感的力量，能让"非人"转变为"人"。这不是定律，但提供了一种可能，一个极权统治下的个体扭转自己和他人命运的可能。

很快柏林墙倒了，斯塔西维斯曼失业了，成为一个普通的邮递员，无声无息一个人生活。解禁后的东德，每个人都可以到保存了600万份斯塔西秘密档案的图书馆去查看自己曾经被调查、被监视的记录。德莱曼终于发现，他的命运是由曾暗中监视，后又暗中帮助他的维斯曼改变的。一句感谢仍然嫌轻，他为维斯曼写了一本书，并注明是专门为他而作。书店里，维斯曼发现了这份特殊的礼物，这一刻，他的眼中泛起以前从没有过的泪花。这一刻，他既不是执掌生杀大权的恶魔，也不是奋不顾身的天使，他成了一个真正的、有血有肉的人。

第二辑 性别与影像

|《一声叹息》:十五年前的外遇

如果不是一个朋友说起,我几乎都要忘了,金马奖影帝,演"老炮儿"的那个演员,曾经导演过一个据说有他本人真实经历在内的电影——《一声叹息》。

带着对一些经典台词的记忆,如"拉老婆的手就像左手拉右手""等到贼心贼胆都有了,贼没了"之类的,我重温了一遍这部电影。

不得不说,冯小刚真是一个全心全意为人民服务的好导演。和唯恐影片的个人风格不够强烈的一些导演不同,他非常愿意用大多数人看得懂的方式来讲故事。《一声叹息》就是代表。 在这部影片里,他用明白通俗的镜头语言,讲了一个很符合大众想象的婚外情故事:已婚有女的中年剧作家梁亚洲,和鲜活有劲的漂亮女助手李晓丹爱上了。 他想离婚,却始终迈不出关键的那一步。 在情人和妻女之间来回倒腾的男人,最终疲惫不堪,重返家庭。

《一声叹息》海报

从讲故事的角度来讲,《一声叹息》真的把故事讲得挺好的:每一个转折都很合

时代镜像中的性别之思

理,台词平实又生动,加上演员个个都是实力派,真是拍得很认真。 认真归认真,在看的时候,我始终有种难言的隔膜感:任性的情人、沉重的男人、顽强的妻子,这样的人物设置,好像很老套很乏味啊,这样一个以语气助词来结束的婚外情故事,好像版本也有点低啊?

瞥了一眼出品年份,2000年,竟然是十五年前的片子。 从第一遍看,到现在,居然已经过去十五年了。 我似乎有点明白那陌生感源自何处了。

十五年前生活中所见的外遇版本,和这电影里演得还真差不多。 婚外情,是真的挺有情,是以结婚为目的,不是"随随便便"的。 于是,就少不了一番情感、道义,以及血肉上的撕扯。很多年前,我有个亲戚,就是婚外情,那会儿他儿子出生还没多久。 他铁了心要离,不惜和整个家族做斗争。 后来成功离了。还有一个自称新儒家的朋友,也是婚外情。 闹了很多年,最终婚还是没离成。 以后每有人提起,他就自嘲是"戊戌变法"。

没几年,《手机》问世了。 同样是冯导的电影。 编剧刘震云紧跟时代,把婚外情里的男女主人公都升了级:严守一可没有梁亚洲那么本分实诚,情人伍月也不像李晓丹那样母性爆棚爱得让人透不过气。 欲望,赤裸裸的欲望,还有可以摆到桌面上来谈的利益交

《手机》里,婚外情中的男女主人公都升了级

第二辑　性别与影像

换。 时代不同了，十五年前的道德压力不再能作用于目的明确的欲望男女。 婚外情的故事里除了一点情，一些性，还掺杂了更多别的变量。 除了正妻永远一副受害者的无辜形象，并非一心奔着婚姻去的男人和情人（后来都改叫小三儿了），不约而同地成了婚姻道德的搅局者而非遵守者，三角关系里，少了《一声叹息》里的沉重，多了十五年前没有的玩世不恭。

婚外情也完全可能是丈夫和别的男人。《春风沉醉的夜晚》里，妻子意外地发现自己的情敌居然是个男人，这对她构成了肉体和精神上的加倍羞辱。 婚外情的对象还可能不止一个。 同样是娄烨导演的《浮城谜事》里，男人一面养小三和私生子，另一面还不耽误网上"约炮"，活得那叫一个行尸走肉。 婚外情的版本越来越多，早就跳出《一声叹息》里

《浮城谜事》剧照

的模式。 对待婚外情，人们也不再像电影里傅彪骂李晓丹那样，就一句简单的"不要脸"了事。

面对此情此景，导演对于当年那《一声叹息》，是会觉得叹得太早了，还是叹得太矫情了？

我觉得是叹得太矫情了。 那《一声叹息》，不过是一个没有勇气面对人性弱点的男人为自己的退却所做的掩盖。 他叹的不过是自己折腾一场依然被家庭收复的无奈命运。

75

真的是矫情。而且还很容易打动人：你看，他也挺不容易，梁亚洲不是个坏男人啊。说到底，是在为男人心疼和辩护哦。这一声叹息，看似是对婚外情有了更人性化而非道德化的重新认识，但是，有这个认识并没有多了不起，真正难的，是需要对这样一种婚姻模式的道德性作出判断：以牺牲人性的丰富性而维系的婚姻，是道德的吗——在爱的名义下，女人将男人奉为生命，为他为孩子而活，被供奉起来的男人回报以无尽的责任——这样的婚姻，真的没有问题吗？甚至，假如婚外情的目标就是为了进入这样的婚姻，就像影片里把梁亚洲又是当孩子又是当爷一样来宝贝的李晓丹那样，那么，我真的不知道，这样的婚外情有什么意思？

不能指望冯小刚来回答这个问题。我们的婚姻家庭剧似乎从来就没有这个传统：撕开家庭温情的面纱，让真实的个人从某个符号化的角色中解放出来，在幽微复杂的人性层面来展现冲突。所有关于婚姻家庭伦理问题的讨论，都是以绝不触碰、拒不回答某些问题——专偶制本身的道德性为前提来进行的，有些时候，我们还会制造一些花哨的弹幕来自我迷惑。试问，这怎么可能会有解？

在这一点上，西方戏剧中时常表现出来的那种撕去伪装、直面人性的勇气非常令人欣赏。比如《杀戮》，两对夫妻，本是装模作样地来协商孩子之间的冲突，结果却在你来我往之间，逐渐撕下了文明的伪装。还有《八月·奥色治郡》，把一个看似和睦的大家庭中隐藏的秘密、人性的不堪，一层层掀开来看。这些作品或许残酷，或许黑色幽默，那种对日常生活中充斥的假象的批判，对真相穷追不舍的精神着实让人叹服。

第二辑　性别与影像

《八月·奥色治郡》里各怀心事的一家人

说回到《一声叹息》，它只能是特定时代的特定产品。婚外情的故事注定会不断改版，不断挑动人们的神经。我那个革命胜利的亲戚，在持续了十几年激情跌宕争吵不断的婚姻之后，又离婚了。他的革命矛头不是指向婚姻制度，但他总是有勇气面对婚姻中的问题，而且不回头，不留恋。好过咬着牙，熬过相看无言情感已经荒漠化的中年生活，然后老来做个伴。是的，我从来就乐见决裂而非煎熬，喜欢暗涌而非平静，相信痛苦而非欢乐。是的，必须以足够的勇敢，才能得到真正的生活。

《影梅庵忆语·董小宛》：一种反现代的女性观

新编昆剧《影梅庵忆语·董小宛》（以下简称《董》）是剧作家罗怀臻近年创作的一部新戏。戏中，他以明代文学家冒辟疆纪念亡妾董小宛的散文名篇《影梅庵忆语》（以下简称《忆语》）为框架，按照自己对董小宛的理解，塑造了一个以"顺从"为主要特征的"贤妾"形象，同时，他还以唯美浪漫的笔调赞颂了这样一个古代社会里的"贤妾"。因此，剧作者名为写董小宛，实则表达的是自己的一种女性观。需要指出的是，这是一种对男尊女卑的传统观念未加反思的、反现代的女性观。

一、失真的情节，可疑的观念

昆曲《影梅庵忆语》

世人对董小宛的了解，多是通过冒辟疆的《忆语》。文章中，冒辟疆用了四个篇章，近五千字，回忆了从相识到董小宛去世，二人在一起生活的九年。

《董》剧开场之前，舞台上的透明纱幕上出现的是《忆语》中的片段，随后饰演晚年冒辟疆的演员出场，以充满回忆的唱词开启全剧。这些设置显示出该剧是以《忆语》为创作框架的。但是，全剧看下来可以发现，由

第二辑 性别与影像

于剧中有多处与冒文、也与常理相违背的虚构情节，《董》剧名为写董小宛，其实是写作者自己理想中的女性形象。

全剧从董冒二人初次相识开始，接着是董小宛入冒家遇阻、离乱之中主动留守、在冒辟疆重病时舍身照顾，最后，全剧以她终于得到冒家上下一致肯定，奄奄一息地乘上象征被家族接纳的花轿结束。粗看之下，剧情与冒文并无相悖之处，都描写董小宛如何在与冒辟疆的关系中不顾一切地付出自我。仔细分析之下，可以发现，剧中其实有多处与冒所描述的事实不相符的地方。比如董冒二人结缘的方式、冒母以钱物驱退小宛，逃难中小宛主动留守危宅，等等。

关于二人的结缘。剧中情节是，冒董二人初次相见，董便倾囊相助当时正银钱空虚的冒。分别之后，冒托人还款，没想受托人失职，忘了还款一事。但是，董对于冒的品格始终坚信不疑。这一幕，似乎是为了表现董用情真纯，对冒一见倾心并无条件给予信任。但在冒文中，他是应试不佳，"嗣下第，浪游吴门"时，和董小宛匆匆一会。

再看剧中接下来的一幕。冒想娶董入门，顾虑家中父母发妻的态度。果然，在冒母那里就受了阻。接下来的情节如何发展？只见冒母遣开冒妻，亲自以钱物相诱来驱退小宛。小宛面对阻力并不退却，表明只要能和冒辟疆在一起，她毫无名分地暂居别院也无所谓。但事实上，面对董小宛的一路紧追，以各种理由"变相拒绝"的，不是冒辟疆的母亲，而是冒本人。最后董小宛"谓余不速往图之，彼甘冻死"，差点闹出人命，并由"虞山宗伯"钱谦益出面，把董小宛接到了冒的住处。抵达的时候，冒辟疆正"侍家君于拙存堂"。

再看逃难之时——剧中的情节是,冒家车马不足,无法同时装下全部家丁和冒母珍爱的传世藏书,所以必须弃留一人。于是,在冒母与董小宛之间发生了谁去谁留的争执,最终,董小宛坚持留守家门独对危局。冒文中的确提到逃难时的种种危险。在危险发生时,不是别人,正是冒辟疆本人只顾保护"老母和荆人",既"无能手援姬",又"独令姬率婢妇守寓"。

艺术创作不等于历史研究,作者完全可以根据需要进行虚构。但是,即便是虚构,也要符合人物身份、关系及行为逻辑,角色才可信。也就是说,虚构也需合情合理。上述种种情节,很难说是"合情合理"的。比如,冒出身名门望族,很难想象他会向一个青楼女子借钱;大户人家的女性长辈地位非常尊贵,就算不同意儿子和董小宛在一起,也不会亲自出马,并且使出用金钱逼退的手段,危险的时候,更不可能和一个曾经的妓当下的妾在谁去谁留的问题上争来争去。

戏剧创作中出现有违常理的编造,可能是因为编剧技巧的缺乏。作者已是知名剧作家,不应该在编剧上出现大的闪失。那么,还有一种可能,就是创作者过于沉湎自身的观念,导致个人意念凌驾于编剧原则和基本常识之上。那么,在这部戏中,可以看到作者怎样的一些观念呢?

二、一曲贤妾颂歌,一缕舞台杂音

在指出剧作者观念层面的问题之前,我们先回到历史情境中,对妓、妾这一类女性的实际生存状况做一个了解。

首先,董小宛在嫁入冒家之前的身份是隶属于教坊司的官妓,属于妓女中等级较高的一类。在社会地位上,妓与所谓的

第二辑 性别与影像

良家妇女有很大差别,不过,由于生活在男权社会,二者追求的生活并无不同,都是以嫁给男子为妻妾作为终极归宿。这是女性在除了依靠男性再无其他谋生渠道的社会里的一种无可指责的生命安排方式。所以,古代社会的名妓,从今人的眼光看来,似乎有着比良家妇女更为活跃的日常生活和更为自由的行动空间(如有史料记载董小宛喜好旅游),但像"自由"一类今人看重的价值并不是名妓们所留恋的,对于她们来讲,嫁人才是最终的理想。

教坊司官妓脱籍相当困难,必须是有权势的人家才能帮她们支付脱籍的高昂费用。于是,她们会在社交场所为自己物色合适的、可以依靠的男性。像冒辟疆这样家境优越才貌俱佳的人物,必然成为名妓们主动追求的对象。冒在《忆语》文中提到陈圆圆对他的主动追求,董小宛对他的穷追不舍,就是因为有这样一层社会背景在起作用。结合这一层背景来观察,她们的主动追求,其实是没有社会地位的表现,就算要用现代语言强行解读为是对"爱情"的"勇敢追求",那么对这份"勇敢",也应该是抱有深切的同情之心的。

其次,中国古代婚姻制度中设有媵妾制。《礼记·内则》中记载,"聘则为妻,奔则为妾",娶妻和纳妾的礼仪、程序有天渊之别,妾的地位要远远低于妻子。根据《中国婚姻史稿》记载,"依礼,妾之身份低于妻,不得与夫齐体,故妾称夫为君,称妻为女君,事君与女君如事舅姑。"[①]为何事女君如事舅姑? 是为体现"尊嫡",以"绝妒忌之原"。古代法律中还有很多

---

① 陈鹏.中国婚姻史稿[M].上海:中华书局,2005:715.

记载可证明妾的地位低下,如《唐律》中:"然则,妾之身份,本良人也,但既嫁为妾,又复降为微贱,在礼与法,均视之如物"。"以现代法律之术语衡之,即权利之客体,非主体也。妾为主之所有物,与财产同。唯其如此,故可随意处分,而处分之方式,最普遍者为赠予,其例始见于战国,其后历朝均多有之"。① 由此可见,妾仅仅是用来满足男子性欲和为男方家庭延续子嗣的工具。妾要在家庭中生存下去,必须比妻子更符合当时社会对女性贤德的要求。

这就可以解释冒文中所提到的董小宛的一切表现:和冒生活在一起的九年里,她是一个堪称完美的妾。在家里,她把自己地位放得非常低,"较婢妇有加无已",像女佣一般帮助夫人操持家务,对家中各类琐碎小事柴米油盐都分类登记,"毫发无遗",就是在逃难的时候,为了使用起来方便,她还把全家所用银两分成小包,以至于冒父都感叹:"姬何暇精细及此。"

对待冒辟疆,她倾尽了自己的一切。既为他抄写文章,替他照顾两个孩子的学业,又照顾他饮食起居。后来兵荒马乱,冒终于病倒,有一次从冬天到春天大病了五个月,痢疟反复发作,她"仅卷一破席,横陈榻边,寒则拥抱,热则被拂,痛则抚摩。或枕其身,或卫其足,或欠伸起状,为之左右翼,凡病骨之所适,皆以身就之"。就在这悉心照料的五个月里,她每天只吃一顿饭,冒辟疆还时不时对她又打又骂,就算已经是被折磨得骨瘦如柴,她还说,"竭我心力,以殉夫子"。

了解了妓和妾的卑微地位之后,我们会看到,董小宛式的贤

---

① 陈鹏.中国婚姻史稿[M].上海:中华书局,2005:717.

第二辑 性别与影像

妾是诞生在一个妾不被当成"人"来对待的社会土壤之上的。纵然董小宛堪称才貌德集于一身的千古第一贤妾,危难之时,冒辟疆也会随时弃她而去。

她的故事被冒辟疆以自恋的口吻来吟叹倒也罢了,毕竟他是生活在数百年之前的人。放在今天,这样的故事应该不会让人再产生审美冲动了。对于他笔下的董小宛,现代人的情感反应中更多的是怜悯和同情吧——进入冒家之后的董小宛仅活了九年。"现代才子"高晓松曾在一期《晓说》中提及董小宛,他认为董是殚精竭虑累死的。也有学者认为董小宛是患抑郁症而死的。这些猜测并没有足够的史料来佐证,但起码显示出了一种体恤,一份人性。我们进而要思考的是,这样的社会土壤该进行怎样的改造,才能少出现、不出现这样的"贤妾"?

回过头再来看剧作家在创作中谈到对董小宛的认识,一个主要特点就是"顺从"。对于这种"顺从",他是极其推崇的:"董小宛对冒辟疆的顺从,源于对爱情的尊重和对自身人格的维护,她对爱情平等与人格平等的追求不是通过两性交易、青春索取而博取上位,乃是通过付出——自觉自愿地、默默持久地付出,这种付出是感情的积累,真善美的积累,也是征服,真善美的征服,董小宛最终收获了在那个年代里如她这般的女性所最不可能得到的人格尊重与爱情尊严。"

"有一种征服是顺从,顺从不是不争取,而是更韧性地争取。这种韧性争取,往往表现为一种宽容,一种慈悲,同时伴随着一份如影随形般的苦难承担。所以肯宽容,能慈悲,甘愿承担有如魔咒般缠绕身心的折磨,归根结底源自一份主动的爱。爱得越深切,顺从越持久,久而久之,顺从便化为了另外一种征服,最终到达爱的彼岸——哪怕彼岸是地狱,是天堂,是死亡。"①

从这些词藻华丽,浪漫煽情的表述中可以看到,剧作者对妓、妾这类女性在当时社会中的处境没有任何的体恤与同情,哪怕她们失去了生命,都因为死亡是出于对一个男人的"爱情"而值得大加歌颂——这是何等残酷的视角?!这个视角混淆了价值,将本应批评的男权社会中女性单方面的"顺从"和"付出"解读为"另一种征服",这既是对妓、妾这一类女性命运中悲苦无奈一面的刻意遮蔽,也是在为延续男性单方面的利益散布语言迷雾。创作出"董小宛"这一完美贤妾/名妓形象,并以赞颂的笔调赋予这样的形象以审美价值,体现的完全是一种与现代意识相左的女性观。

冒辟疆在《忆语》中曾为董小宛的早逝而自责,今天的人,难道连几百年前的古人都不如吗? 一种反现代的女性观,掩盖在具有迷惑性的赞美词下,隐蔽在美轮美奂的舞台效果中,成为现代剧场里一个不协调的声音。

三、还原真实面目,再现名妓故事

妓女本就是一个寄托了人们种种想象的群体,名妓则更甚。作为更高等级的从业者,她们有可能进入男性主导的文化权力网络并在公共政治空间中发挥微妙的作用,于是成为创作者热衷表现的对象,如为世人所熟知的柳如是、陈圆圆、董小宛、李香君等。 创作者或是借着她们的故事来表达政治操守民族气节,或是用其来激发同时代人的抗争斗志。

---

① 罗怀臻.影梅庵忆语——董小宛创作絮语[N].中国艺术报,2014:02.

第二辑 性别与影像

需要注意的是，在这种名妓故事的再现方式中，拥有书写权的创作者基于特定的目的来筛选被书写者的生命故事以使其服务于书写意图，名妓于是成为创作者借以表达家国情怀民族大义或者个人文化旨趣的抽象符号，至于其真实的、丰富多样的生命经验在这些故事里是隐匿不见的。

比如 1963 年的香港电影《董小宛》、抗日战争时期冒家后人写的话剧《董小宛》，都是此类作品。在《董》剧中，创作者则是借董小宛来表达对一种男女地位不平等

1963 年香港电影《董小宛》，夏梦主演

的社会中诞生的女德典范的向往。

那么，还可以怎样来书写她们的故事？ 在一个被强权者所写就的历史中，这个地位卑微的群体的心声如何可能被听到和再现？

贺萧在以近代上海的娼妓为写作对象的妇女史著作《危险的愉悦》中，尝试了对妓女故事的重构。① 她放弃对妓女的主流叙事，转而从游记、指南书、通俗小报等边角余料式的历史资料中去发现妓女被主流叙事所淹没的声音，在这个过程中妓女在近代中国现代性形成中的作用也渐渐显现。 这种妓女故事的再现方

---

① ［美］贺萧.危险的愉悦:20 世纪上海的娼妓问题与现代性［M］.韩敏中,盛宁译.江苏:江苏人民出版社,2010.

式,将妓女从被叙述的"他者"位置上解放出来并使其获得历史叙事中的主体地位。

  名妓/贤妾故事是否可能也有其他的舞台再现方式？譬如像董小宛这样一个在诗文、美食等方面具有极高造诣的女性,是否有可能用新的视角去展现她丰富多样的生命故事,继而说出种种"顺从"背后被历史消音的女性心曲？

(《戏剧与影视评论》2015 年第 3 期)

第二辑　性别与影像

|《十二公民》:怒汉与公民,为什么都是男人

一、看起来很美的《十二公民》

扮相很好的《十二公民》在院线公映之后赢得不少称赞,甚至被称为年度口碑之作。

影片改编自 1957 年美国导演吕美特的《十二怒汉》：出生贫民窟的青年被控杀父,证据各种不利。唯一持有无罪意见的陪审员最终力挽狂澜,改变了其余十一个人的有罪决定。

时代所限,影片自有其不足,如运镜单一和人物脸谱化,某些情节设置也略显牵强。意识层面上,不过是老生常谈的那套美国社会"核心价值观"——程序正义、民主协商、尊重生命,等等。

尽管如此,影片仍然堪称在高度精简的空间之中集中表现戏剧冲突的经典之作。而且,影片节奏有度、群像刻画细节而生动,美国社会中的阶层冲突、贫富差异等问题也很自然地得到呈现。

之后,日本、俄罗斯都有翻拍。现在,我们也有了自己的《十二公民》。

但是,中国并没有英美法系中的陪审员制度。也就是说,虽然我们不乏产生冤案的司法环境,却并没有诞生"十二怒汉"式故事的起码制度条件。故事有了,怎么成功嫁接到中国来,这是一个问题。

编导大概是挖空心思才想出这么一个圆剧的办法：某政法大

时代镜像中的性别之思

学的同学参加司法考试,环节之一是模拟美式庭审,学生家长扮作陪审员,被要求集中于一个废弃体育馆内研讨案情。

如此铺垫之后,中国版的怒汉故事才拉开帷幕:十二个家长分别对应当下中国社会中的不同阶层、年龄、职业的人,案件则被设计为网络世界热爱的类型 —— 富二代杀父案。

在富二代是否是真凶问题上,各人都有基于自身经验的主观认定,一场撕破脸皮曝光本性的争执在所难免。 沤积在社会不同层面的问题也随着争执而逐一冒泡 —— 地域歧视、贫富冲突、集体冷漠,乃至1957年的反右也加入其中。

仿佛经历一场良知与人性的拷问,案件讨论结束,十二个人如获新生一般走出体育馆,室外气象一片明媚。

然而,十二个学生家长来配合完成考试 —— 这个情节设置实在过于拧巴(更别说为什么是十二个男人,妈妈去哪儿了?)。这就导致了在核心的模拟陪审部分,需要再做较大改动才可弥合中国现实与美国原作之间的裂痕。

比如,在怎样的情境之下,在一个议事习惯缺乏的国度里,十二个毫无交集的人可能会有效地组织起讨论,并顺利地走向早已预设好的结果?

影片设置了一个起引导和关键作用的8号先生。 正是他,扮演了原作中亨利·方达的角色,一步步推动局面的转变。

那么,8号先生又为什么会如此笃定而有耐心并具备怀疑精神和推理能力呢?

和原作中亨利·方达的普通人身份不同,影片给出的解释是,8号先生是检察官。 这样的安排可能起着两个作用:一是使人物可以合理地站立;二是如编者所说的审查压力,检察官的设置有利于通过司法部门的审查。

第二辑　性别与影像

至此，整个影片的主题开始发生错乱和游离。

在检察官身份揭晓之前，影片似乎有一个颇具启蒙意味的主题，但随着身份的揭晓和片尾打出的"真凶落网"的字幕，本应随着十二个人的讨论而在逻辑上自然推导出的"怀疑精神多重要"变成了"司法工作者真英明"，前面一个多小时唇枪舌剑原来不过是服务于歌颂检察官的。

究竟是针砭现实还是和稀泥？是呼唤法治还是歌颂人民检察官？影片的寓意含混不清。

也许可以把一切问题都推到电影审查制度上：如此设计都是出自无奈。但这显然是回避了剧本的先天不足：影片在根本上，就没有讲述一个前后统一、细节可信的故事，正是艺术真实性的缺乏，导致整个影片如空中楼阁摇摇欲坠，尽管它看起来似乎很美。

对应肉身所在的真实世界，电影世界因其虚构性而必然是假的，它能以假乱真、我们会以假为真，是因为假的电影世界里有艺术的真实。

艺术真实的达成依赖合乎生活逻辑的情境设计：人物的行为、情感、故事的走向以及结果，都符合真实世界里人们的认知习惯（并非一定真人来演）。来到这个虚构的真实世界里，观众会自觉放弃理性判断，进入自愿被骗的做梦状态。人的经验与影像融为一体，电影被感知为真。

《十二怒汉》之所以会抓住人心，让观众真的关心陪审室里的每一个变化，关心坐在被告席上的青年的生死，是因为它在艺术的真实性上是接近完美的。

而且，在影片中，被告其实极有可能是真的杀人凶手，坚持认为被告无罪的亨利·方达也说，他并不知道被告是否是真凶，他不过是对证据有合理怀疑而坚持自己的主张——一个并非全知全能的普通人角色，才与影片的主题相匹配。

日本电影《十二个温柔的日本人》剧照（1991年）

俄罗斯电影《十二怒汉：大审判》（2007年）

日本和俄罗斯版的"怒汉"都是将本国现实与原作故事框架进行有机融合的再创作。日本版的《十二个温柔的日本人》、俄罗斯版的《十二怒汉：大审判》，都是在一个自洽、合理的新故事里，完成对经典的改编与超越。

《十二公民》在艺术真实性上存在的硬伤，导致观众与影像之间缺乏结实的情感链接，电影的"梦境"效果始终不足。影片结构的摇晃，主题的含混，是必然出现的结果。

将此片视为口碑之作，在观念上尚可理解，因为编导选择改编《十二怒汉》的确能契合当下中国社会对某些核心价值观的渴求。观众奉献的好评,某种程度上也是基于对现实的不满(司法腐败、网络暴力、社会撕裂,等等)。

二、怒汉与公民,为什么都是男人

由于《十二公民》宣称是向经典致敬,那么,还是先说说那部经典——《十二怒汉》(以下简称《怒汉》)。

《怒汉》讲的是:出生贫民窟的青年有可能是杀父凶手,十二个陪审员要对有罪还是无罪给出一致意见。唯一持有无罪意见的一位陪审员以冷静理性的分析,指出

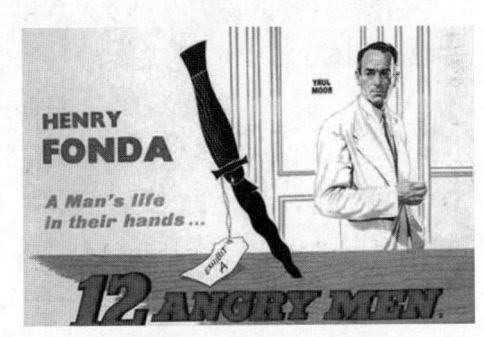

美国电影《十二怒汉》(1957年)

证据存在各种漏洞,并逐一改变了其他十一个人的有罪认定。

简直是影像版西法教科书,不是吗?逻辑、理性、程序正义、疑罪从无、民主协商,等等,无一不是习法之人耳熟能详、推崇备至的价值理念。

那么,理性和遵从逻辑的爱法之人,是否留意到十二个陪审员的性别,是否嗅出了影片里浓浓的荷尔蒙气息,是否预备好回答这样一个并非法学之外的问题:陪审员怎么都是男人,女人去哪了?

是导演的性别歧视吗?未必。看看电影出品的年代,1957年。那个时候,美国的法学院校里、司法机构中,还真的很少看到女性的身影。像陪审员这样的法庭角色,很多州也是将女性排

除在外的。

比如亚拉巴马州，一直到 1966 年，才把女性纳入陪审员中。比如 1961 年的 Hoyt v. Florida 一案中，美国最高法院明确驳回被控杀害其夫的妇女提出的平等保护的诉求 —— 陪审团中应有女性成员，裁定佛罗里达州排除那些没有自愿登记提供陪审团服务的女性的做法为"合理"。理由是，"女性仍被视为是宅院和家庭生活的重心"。

最高法院一语道破天机。女人去哪儿了 —— 当我们将视线从法庭转向郊区那一幢幢美轮美奂的大 HOUSE，马上会看到无数的女人们正在厨房里辛勤忙碌着，她们洗碗、擦桌、烤蛋糕，等着给下班回家的丈夫献上一个甜蜜的吻。

家庭与法庭，私域与公域，严格对应着女人与男人各自的活动空间。这种空间的划分由来已久，而且据说特别符合女人和男人的先天气质，因此有着无须质疑的天然的合理性：女人，柔软而脆弱，细腻而乐于奉献，适合在私人领域里施展身手，妻子和母亲，这是她们最适合的角色。

公共领域的工作，需要雄辩的能力缜密的思维，有时，还有些复杂和肮脏，那么，就让男人来吧。精细到连两性气质都预设好的这一套规范里，其实埋藏着至关重要的一句潜台词：女性，是不具有理性思考的能力的，公共领域，从法庭到议会，那是有"理性"的人才配进入的地方。

谁这样说过？

太多人。从古希腊圣贤，到启蒙时代哲人，到当代大儒，都在这个问题上有过令其蒙羞的"高论"。用今天的网络语言来说，那些"高论"真的是槽点多多。

柏拉图说：女人天生的道德潜能劣于男人。

第二辑　性别与影像

亚里士多德说：女人是残缺不全的男人。

到了启蒙时期，那位得遇女性知己而事业成功的卢梭先生，却对女性贬低得不行。他在《爱弥儿》中写道：没有女人，男人仍然存在，没有了男人，女人的存在便有问题。

叔本华说，女人本身是幼稚而不成熟的……她们是介于儿童与成年人之间的一种中间体。

弗洛伊德说，女人是"被阉割的男人"。

还有康德，他强调理性和客观性，将"人"等同于男性模式。这就给启蒙时代里那个"被发现的人"定了调子：拥有认知世界之理性的，从神权统治中挣脱出来，获得自由的那个人，只是"男人"。

还有尼采、黑格尔、马克思，这些大哲们的思想固然精彩，可是一到女性这里，都各种失语和失态。

直到存在主义和现象学出现，反对抽象、理性、强调具体的活的经验，包括身体和情感经验，情况才略有改观。

海德格尔的"人的存在"虽然讲的也是"男人的存在"，但他毕竟已经开始反对两分思维。再到后来精神分析和后现代哲学大师，如拉康、福柯，这些人基本就可以称为妇女之友了。在让女性进入"人"的世界这件事上，他们功不可没。

似乎是扯远了？

并没有。这样梳理一下，能让我们明白，为什么会有那么一个严格地按性别划分的公私界限——因为在哲学家那里，在诸多理论的源头上，女人就没有被纳入具有"理性"的"人"的范畴中。法学对女性的排斥，无非是"奉旨行事"而已。女性于是被挡在了对自身利益影响重大的权利分配流程之中。

让我们来看看那些重要的法典。

《摩奴法典》中规定：女性需要受到监护。这其实就是把女性视为无法表达自由意志的孩童，剥夺了女性签订契约、参与政治的权利。

《罗马法》规定：女性为次等地位，只有家庭户主即最年长的男子，才有缔结契约和政治上的权利。

美国《独立宣言》中的那句"我们认为这些真理不言自明，一切人生而平等"里的"人"，指的也是男人。因为，女性真正获得与男性平等的选举权是150年之后的事了——在1920年的《十九修正案》里，女性才得到这项权利。

而且，女性就算拥有了选举权也不意味着自动获得了伴随选举权地位而生的权利与义务。如上文所说，当时还有很多州仍然不允许女性担任陪审员。

不合理的现状终究会被改变。就在《怒汉》上映后不久的20世纪60年代，美国女权运动爆发，运动对法学理论的直接影响是形成了当今最具活力和批判力的法学流派——女性主义法学；运动给女性在法律方面带来的福利就是，越来越多的女性开始进入法学院学习、成为律师、法官。当然，陪审员也不再是只有男人能当。

现在的美国，法律专业有近一半的学生是女性。律师和法官队伍里，也出现越来越多的女性身影，以律政界女性为题材的美剧则风靡世界。

律政界女性为题材的美剧早已满世界风靡，图为美国电影《律政俏佳人》

第二辑　性别与影像

但是，法律教育和职业性别构成的改变，还仅仅只是承认女性拥有和男性一样的理性，说明女性适应了她们曾经渴望融入的世界，并不意味着女性的生活经验纳入了法律世界之中，令法律实践和法律知识上的特点也相应发生改变。

也就是说，假如还只是将理性认定为是认知世界和寻求公正的唯一渠道的话，那么，就算有女性进入法律世界，也不过是说明，法律由曾经的一项男性的活动，变成了一项男性和女性共同参与的活动。至于如何将女性经验纳入法律世界来弥补男性思维的不足，正是女性主义法学思考的问题。

改变还将继续。今天，美国的陪审团里不再只有 angry men，也可以有 angry women。

假如今天的美国导演想翻拍《怒汉》，绝不可能还组一个没有女性的十二男子天团（日本的改编版里就增加了女性陪审员）。这不仅是"政治正确"的要求，而是现实本就如此。

那么，回到《十二公民》。影片宣称是向《怒汉》致敬，但场景分明已经置换到当代中国，改为了由十二个家长担任模拟法庭陪审员讨论一桩富二代杀父案。十二个家长全是男人，偏偏导演还给影片取名《十二公民》，那么，这取名的思路里，既包含了对中国式公民社会的想象，也无意中与唯有男性才可成为、称为公民的古老陈见相契合。

这既不符合中国现实，又能代表一部分男性的现实：他们还真的没有习惯女性在公共领域中的出现。

身体叙事

|《鹅毛笔》:SM 与书写的自由

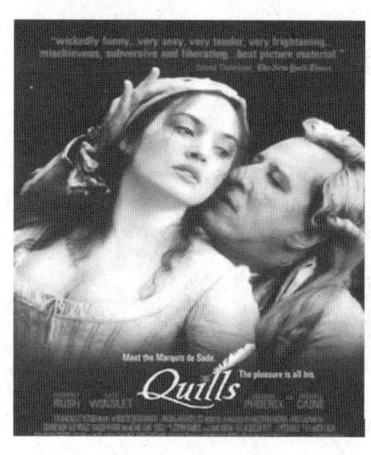

《鹅毛笔》剧照

考夫曼的电影——《鹅毛笔》。剧中主人公,就是电影海报上那位在身材火辣的凯特耳旁,一脸暧昧地不知在说些什么污言秽语的男人,著名的性书大亨、虐恋始祖——萨德侯爵。

一如对福柯的迷恋,对萨德,这位饱受争议的作家、持不同政见者、臭名昭著的性越轨者、疯子,我一直心存敬意。看过后人为他立的《萨德大传》(勒韦尔著)、也看过根据他的作品改编的惊世骇俗的《索多玛 120 天》(帕索里尼导演),却偏偏对这部以他为主人公的电影,始终提不起兴致。大概是对电影能否还原萨德这样一位太特殊太有争议性的人物的真实面目缺乏信任吧,要知道,在卫道者眼中,他是诱惑人犯罪的恶魔,在热爱自由的人们心中,他却是助人释放天性追寻快乐的

第二辑　性别与影像

天使，有人说他的作品实在低级下流庸俗不堪，有人却说那是超凡脱俗的天才之作。如此对比鲜明的评价集于一身，让萨德在世人心中留下了你之砒霜我之蜜糖一般的纠结的印象，将这样的一个人的生平拍成电影，戏剧性倒是足够，可真实性呢？

考夫曼回避了这个问题。《鹅毛笔》与其说是讲萨德的，不如说是以萨德为原型重新虚构的一个故事。故事开始于萨德生活的时代——18世纪末19世纪初的法国，那是一个风云际会、

浑身写满字的
萨德侯爵（杰弗里·拉什饰）

跌宕起伏的时代，君主制终结、大革命结束、拿破仑兴起，一幕幕激动、荒诞的好戏都集中在那个时代连轴上演。而无论在哪一出戏里，个性张狂、思想极端的萨德都被当权者视为眼中钉。终于，他被当作精神病人，关进了疯人院。管理疯人院的年轻神父很开明，也很欣赏萨德的才华，甚至允许他在疯人院里依然过着贵族般的生活，住在布置考究的房间里，用鹅毛笔继续他的写作。在凯特饰演的洗衣女工的帮助下，他的写满男欢女爱的作品被偷偷送出疯人院，在地下出版发行。

可以想见，这些让人面红心跳的"禁书"，在人性受到禁锢的保守时代，该有多么受人欢迎，又该让当局多么恼怒。于是，心狠手辣的新神父来到疯人院，试图阻止萨德的写作。先是将萨德的笔墨纸没收，以为没有了这些工具，他就会停止写作，没想到，失去鹅毛笔的萨德，从吃的鸡肉里掏出鸡骨，沾着汤汁在被单、衣

97

服上继续写。将他的全部家具拖走,将他身上的衣服扒掉,他就割破手指,用玻璃沾着鲜血在墙壁上写。恼羞成怒的新神父,对他终下毒手,施以酷刑,让他变成了一摊让人放心的软肉。但是,已经被折磨得不成人形的萨德,依然在临死前,拖着沉重的镣铐,沾着自己的屎尿,在地牢的墙上完成了最后的写作。

真实的萨德,确实在疯人院里待过很长一段时间,至于他怎么死的,已记不清传记里是怎么说的了,但我相信,《鹅毛笔》里的萨德,是加入导演个人意图的,经过重新包装后的萨德——俨然成了争取言论自由的革命斗士、反抗极权压迫的精神贵族、用身体书写思想的行为艺术家。这不是萨德的全部,这样的歌颂,也不见得符合他的本意,但这些身份他都当之无愧。无论是怎样的褒贬,无可置疑的一点是,他的确给后人留下了弥足珍贵的精神遗产,那就是:人,生而自由,自由的心灵,不应受到任何形式的禁锢。当自由受到限制,身体就成为反抗的最好的武器。他的淫秽也好,疯狂也罢,那都是再正常不过的人的本性。翻到由理性精心编织而成的人类史的背面,赫然写着的,正是充斥着疯癫、非理性、色情、欲望、本能的另一部人类史。整个人类发展史,就是人的自由灵性与极权制度的斗争史,人类社会就是在这条由反抗者的尸骨和鲜血铺就的崎岖道路上缓慢前行的。

如若不能自由的生,那么,就应为自由而死。极权制度之下,这是萨德们无可选择的选择。百余年前的法国如此,百余年后的今天依旧如此。

第二辑　性别与影像

|《红颜》：只是因为你是女人

在年轻一代的导演中，李玉是非常独特的一个。作为为数不多的女性导演，她的电影作品也带有鲜明的女性特质，尤其是女性背负的命运与承受的创痛，总能在她的镜头下得到不动声色却又情感饱满的刻画。

在她的第一部电影长片、同性恋题材的《今年夏天》之后，在已经开始启用明星、注重市场的《苹果》之前，李玉有一部作品，相当完整地展现了她的女性意识与女性关怀。这部电影既不及《今年夏天》新锐，也不如后面的电影收获的票房多，但叙事流畅，结构稳重，镜头语言细腻含蓄又充满力量，这就是2005年出品的《红颜》。

"红颜"总是"薄命"，困厄的命运似乎和女人的性别一样，都是与生俱来。从片名就能看出，影片要讲述的，就是女人的生命故事。

20世纪80年代初，四川某偏僻小镇的一所中学里，与同班男生小峰偷食禁果的小云发现自己已有身孕。事情暴露后，两人被学校开除，小峰远走他乡。生下孩子后被母亲告知孩子已死的小云，顶着"破

《红颜》海报

鞋"的名声进入川剧团谋生，十年后，成了剧团当家花旦。整日为取悦无聊观众进行的演出是让人厌倦的。小红的生活过得麻木浑噩，和母亲的关系已经冷淡多年，和有妇之夫相好却总得不到爱的承诺，还要应付各种各样对她的污名、羞辱与骚扰。唯一的乐趣，是与一个喜欢她的十岁男孩小勇结缘。小勇对她的好、两人之间难以言喻的默契与亲密，给了她莫大的安慰。但最终她却从母亲处得知，原来小勇就是那个谎称已经死掉的孩子。当年母亲为了保全名声欺骗了她，孩子本打算送人，后来阴错阳差被接生医生，也就是小峰的姐姐抚养长大。知道真相的小云拒绝了母亲把孩子要回来的请求，独自离开了小镇。

小云与小勇

这是一个闭塞环境里道德被扭曲、人性被压抑的感伤故事，而女人就是承担这全部感伤的那个性别。男人在里面是缺席的。小峰早早离开了小镇，小云的父亲很早就去世，小峰姐姐那因为怀疑孩子来历而提出离婚的前夫是一个远方服役的军人，只在照片中偶尔出现。三个女人的命运因为十年前那起不光彩的事件而联系在了一起。压抑的世界里，不同性格与处境的女人有着相似的隐痛、委屈与坚韧，她们相互之间的理解和隔阂，则让女性这个名词更为丰富和立体。

影片的视角又不仅仅只落在三个女性身上。地方剧团这个特殊的群体，见证了时代变迁之下的女性困局。为了生存，必须

第二辑 性别与影像

迎合淫狎的趣味，唱流行歌跳艳舞。还有女演员，索性南下深圳做"那事"（卖淫）。无论是20世纪80年代性保守氛围下的道德压力，还是20世纪90年代性开放背景下的市场运作，女性都是那个被羞辱和消费的对象。

她们都阴沉困闷没有方向。似乎只有孩子才能填补生命的空洞。所以，和"阴"气很重的电影构成一个平衡的，是剧中那个鬼精灵动的男孩小勇。这个没有父亲，却和三个女人都有亲缘关系的孩子成长得勇敢可爱，成了她们所有人的慰藉。她们困在原地，并没有任何出路，最后小云告别小勇，选择出走，则是对新希望的寻觅。不应该是去深圳。她那终于得到了善待的生命，应该能孕育出新的可能。

女性情感的曲径通幽之处、女性对于孩子的意义赋予，是只有身为女性的导演才能感知和捕捉得到的。女性的经验让影像散发出一种独特的气质——溪流伴行的小镇，破旧潮湿却又暗藏诗意，水中的游鱼，则像往前行走的女人，有着置之死地而后生的生猛活力。有趣的是，李玉并不愿意承认自己是女性主义者，她说自己是爱男人的（女性主义被误解为是和男性对立的了），她只是想呈现各种关系交织出的女性困境。拍出了不起的女性电影《人·鬼·情》的黄蜀琴也曾经声明，当初拍这部电影时可没想过要拍的是"女性电影"。概念是理论研究的需求，艺术家习惯性地拒绝标签化，总是想表现一个笼统概念所不能涵盖的世界的多义性和丰富性。可是，谁又能否认，性别就是表现世界的多义与丰富时必然在场的视角？

|《洞内春光》:奶奶向前冲

奶奶总是"慈祥"的,会给小孙子讲很多故事,不讲故事的时候她们就力所能及地劳动,佝偻着腰,花白着头发,渐渐沉默,习惯了被人遗忘。这好像就是奶奶们的经典形象。她们的生活单一得近乎乏味,容纳不了太多想象。

可是,谁说奶奶就不能拥有色彩斑斓的有趣生活?《洞内春光》里的麦姬,就是这样一位用自己温暖的双手创造生活新境界的英国奶奶。

在偏僻小镇寡居多年的麦姬,晚年生活的主要内容就是和几个老伙计一起打打牌说说闲话。是小孙子的突患重病,结束了这份安逸和平静。小孙子急需看病的钱,可是除了抱怨,她的儿子、儿媳再没别的能耐。

《洞内春光》(又译《妙手伊莲娜》)海报

心急火燎的麦姬来到城里,希望能找份工作赚点钱,可谁会愿意雇一个多年赋闲在家,年纪又那么大的女人呢?失望之余,她看到一家色情俱乐部的招聘启事。一份看似和她不会有任何关系的色情服务工作,意外地垂青于她。可是小镇奶奶麦姬怎么也拉不下这张脸去从事这"不光彩"的营生。

一面是小孙子病情每况愈下,一面是唾手可得的诱人薪水,麦姬终于还是克服了心理障碍,有模有样地在俱乐部上起班来。很

第二辑 性别与影像

快,她温柔实在的服务,替她赢来了不少顾客。老板开心之余,还给她取了个香艳的艺名——"妙手伊莲娜"(Irina Palm),每日慕名前来的人在店外排起了长龙。

麦姬的行踪难逃儿子的追查。怯懦自私的儿子理解不了母亲的担当,反倒指责她丢人现眼,不肯接受她的钱,更不许她再去上班。以前那些热衷搬弄是非的老伙计也开始贬损她。但是,通过勤奋劳动重新找到自己价值的麦姬已不再软弱可欺,她勇敢面对儿子的质疑,漂亮地回应了朋友们的挑衅,最终还收获了一份甜蜜的爱情。

故事情节非常简单,叙事手法也平淡无奇,全部的悬念就在于:一个最没有可能反转剧情的人,如何通过一份"不可能的工作"逆袭成功。这个戏剧冲突的营造也归功于合理的情境设置:因孩子患病承受巨大压力的工薪家庭、紧张的婆媳关系、英国小镇的保守性格、性工作中的特殊服务项目,等等。正是在自然合理的情境之下,年迈寡居的奶奶和本应是性感女郎从事的色情行业混搭出完美效果,令人时而莞尔、时而捧腹的各种笑果接踵而至,幽默、温暖、情趣盎然的气氛中,一种强烈的人文关怀悄然显现。

老人是被社会遗忘的一个群体,老年女性则更甚。波伏娃说,老年女性是"存在于我们之中的他者"。在生活中,人们对她们没有兴趣,在学术研究中,有关老年人的研究多是以男性为基础。即便是早期的女性主义研究,也忽略了老年女性,"姐妹情谊"中的姐妹并不包括老年妇女。老年女性遭遇着性别与年龄的双重歧视。

影像中的老年女性也经常被丑化,她们容颜枯槁、身体变形,完全是一种去性欲化的存在。这些形象其实暴露出了人们对老化的女人身体的无意识恐惧和排斥,也促成了一种老年女性的身体需要被隔离和孤立的看法。由于普遍的弱势,老年女性也无法通过影像来纠正这些认识偏差。

实际生活中,老年女性有着比男性更高的寿命和更好的身体素质,在心理健康方面,也好于男性。有一项关于抑郁症的性别差异的研究显示,在60岁到80岁这个年龄群体中,男人患抑郁症的比例要高于女性。而且,男人在心理上会变得比女性脆弱,因为他们感觉失去得更多,因此更努力地要维持一种权力和威严感,即便可能只是一种幻觉。再者,男人并不像女人在整个生命历程中,时常会去维系友谊网络,至少在主观心态上,老化对男人变得更加困难。而老年女性往往会呈现出人类学家玛格丽特·米德(Margaret Mead)所说的"后更年期的风情",在她们身上可以看到女性坚韧、乐观、积极、主动、外向的各种特质。老年女性就像一面镜子,可以照见女性身上蕴藏的丰富可能性,"老女人"就是发现女性真相的一把钥匙。

老年女性所面临的问题,除了社会政策上的疏忽,还有人们对"老女人"的误解与排挤。因此,必须从扭转"老女人"的形象着手,让她们的特质真实地呈现在大众面前,告诉你这才是真正的女性。而《洞内春光》的可贵之处就在于,它以影像为弱者赋权,让人们从这个坚强又可爱的奶奶身上看到了女性身上的力量。而且这力量,又是如此性感、动人。

第二辑　性别与影像

《大卫·戈尔的一生》：如何哲学地死

《大卫·戈尔的一生》海报

大卫在一所知名大学的哲学系担任系主任。他家境殷实，有一幢大屋，一双可爱的儿女，他高大英俊，有着中产阶级知识分子的优雅从容和自信。讲台上，他头脑清晰，逻辑缜密，最擅长用幽默感性的语言将抽象的哲学原理阐释得清晰易懂。教课之余，他还是一个死刑反对组织的核心成员，有一个志同道合的女助手，随时准备与他并肩作战，去为死刑犯奔走呼告。

就是这样一个堪称完美的人，突然有一天被警察带走了，理由是他杀害了自己的女助手，而且，杀人手段极其残忍，不判死刑"不足以平民愤"。被捕后，他没为自己做任何辩护，只在死刑判决即将执行的前三天，接受了一名由他指定的，以勇于发掘事实真相著称的记者的单独采访。在每天两小时的限时采访中，他吐露了若干线索，引导着记者一步步接近案件真相。终于，在即将行刑的第三天，记者找到了受害人是自杀身亡的证据，可惜为时已晚，死刑已经执行，大错已经酿成。但是，这名记者找到的有力证据，以及蒙冤而死的大学教授的精英身份，极具震撼力地挑战了人们的神经。社会上掀起了新的一轮对死刑

105

存废问题的激烈争辩。顽固的保守派力量面对已成事实的错案，不得不修正执政的理念，死刑数量开始下降。

事情并没结束。在迟来的一份证据中，记者惊讶地发现，原来，女助手的自杀和教授接受死刑，都是他们精心策划和安排的。他们预知了一切，然后导演了一切，其目的，就是故意制造一起"冤案"来激起人们对死刑的反思，从而达到逼迫当局改变对死刑态度的目的。

原来他的死，是一场极具哲学意味的行为艺术，他以身殉道，将肉身当作实践理想的工具，用自己的死提醒人们迷恋死刑的可能危险。

这种对信念的坚守和对死亡的安排方式让人肃然起敬。一个大学教师或者一个知识分子，最大的幸福，莫过于在讲台上，能传授专业知识开启众人心智，走下讲台之后，能在公共领域担负知识分子的批判职责，守护公平正义。对"幸福"作这样的理解，在浮躁功利的今天或许是有些可笑了。也许，正是由于这样的"幸福"感在生活中的渐渐消失，才导致精神贫血症的集体爆发。那种惶惶不可终日的焦虑，那种堆砌如山的名与利都难以填补的心灵空洞，那种生命终结时难以掩饰的失魂落魄，则反证着拥有这种"幸福"对人生是何等重要。

除了对某一种职业理想的完美诠释，大卫还以他的死，在"人之死"这个具有普遍性的问题上，提供了一种死的理想样本。抛开具体的死状不说，死的方式无非两种，被动的死和主动的死。被动的死，是对生命规律的无奈服从。由于生命的终结掌握在无法预测何时会到来的死神手中，因而在一想到死的时候，我们只有怯懦和恐惧。主动的死，是由自己控制终结的铃

第二辑　性别与影像

响,是将死的权利从死神那里夺回到自己手中,死于是成为可以由自己支配的,任由自己来赋予其意义的,激情恣肆的行为艺术。当死神到来,唯一的姿态就是从容不迫,唯一的表情就是"悲喜交集"。死的价值也有中国人所谓的"鸿毛"与"泰山"之别,何者为鸿毛,何者为泰山,则由不同时期的利益观决定。作为一个"人",最好的死法,就是在了悟、参透生命的有限之后,死得其所,死得如自己所愿,如——为了"生"的死。

正因如此,大卫对自己死法的设计才显得那么酷,让人不由得击节赞叹。他设计自己的死,是为了提醒那些对他人的死(死刑)充满兴奋的欲望的人:生命的不可逆转正是它的神圣性所在,我们不能以任何理由去剥夺一个人生的权利,哪怕他是一个剥夺了他人生命的人——因为如果这样做,我们无非是让自己也站入了杀人犯的行列,我们的行为并不具备多少合理性和正当性。他以自己的死告诫我们,"不要依据你达成多少欲望来衡量你的生活,而该以获得多少真诚、怜悯、理性,甚至自我牺牲的时刻来衡量,因为到头来衡量我们生平轻重的唯一标准,取决你如何看待他人的生命"。

是对欲望的轻蔑和对生命价值的尊重,让大卫慷慨赴死。作为他精神导师的哲学家拉康说过,欲望不是指向具体的人与物,而是对他人的欲望的欲望。换句话说,我们所欲望的一切,不过是以他人为参照而确立的。因此,欲望是每一个独特个体将自我改造成泯灭个性的茫茫众生的诱人陷阱,一旦掉入这个陷阱,个人的主体性便永难建立起来。而且,欲望一旦满足,就再无人生的快乐而言,最快乐、最完美的人生应当是,让欲望永远无法达成,由理想来支配自己。 这样,渺小卑微的个体,就可从欲望的牢笼中越狱,进入到充满想象的、由理想构成的、真正自由的世界,碎片化的阴冷的人生因为有理想之光的照耀而变得完整和温暖。

大卫的死,便是拉康哲学的最好注解,是超越欲望的生命的极致体验,是沐浴理想之光下的最富有主体性的选择。

附经典台词。

大卫在课堂上演讲:

"拉康哲学的重点

幻想必须超越现实

因为在你到手的那一刹那

你没办法也不会再想要它

为了继续存在

欲望的客体必须永远无法达成

你要的不是"它"本身,而是对"它"的幻想

欲望与疯狂幻想相辅相成

这正是巴斯可所谓的真正的快乐

来自对未来快乐的白日梦

不然我们怎么会说"猎比杀更为有趣"

或"小心你许下的愿望"

不是因为你会得到它

而是因为一旦得到它,你再也不会要它

所以拉康给我们的教训是

心想事成的人绝对不会快乐

最符合人性的真谛是

第二辑　性别与影像

尽力活在你的想法和理想中
不要依据你达成
多少欲望来衡量你的生活
而该以获得多少真诚、怜悯、理性,甚至自我牺牲的时刻
来衡量
因为到头来
衡量我们生平轻重的唯一标准
取决你如何看待他人的生命"

|《黄金时代》:女作家身体的多重喻义

《黄金时代》海报

《黄金时代》一开始就坦白此片"非真"。黑白胶片上,饰演萧红的女演员汤唯对着镜头宣布:我已经死了。之后的影像中,其他重要人物的饰演者也像接受采访一般,面对摄像机,补述他们的萧红印象。游走在剧情片、纪录片、文献片之间的《黄金时代》诚实面对历史不可还原的真相,将完整、准确、客观地再现萧红仅仅当作一次冒险的尝试。电影版的编年体《萧红传》就此写成。

特意与人物拉开距离的拍摄方式,迫使观众改换那种惰性的、情感代入式的观影习惯。没有了同悲同喜的剧场共鸣效果,观众仅以旁观者的姿态端详历史,也许更能形成一种独立的、没有偏倚的评判。

所以,就算是看到萧红最后的凄凉辞世,也不会泪水决堤,就算是镜头重新明快地返回童年,记忆之手温柔抚过大地,也并不会让人生出太多感叹唏嘘。三个小时,从生到死,细节缓缓流淌。对不了解萧红或抱着其他预想而来的人来说，是难忍的枯燥乏味。《黄金时代》局限了它的观众，成为另一种意义上的粉丝电影。

可还是有各种攻讦非议汩汩冒出，毫无悬念地指向女作家的私生活——那些被人孜孜不倦地嚼了半个多世纪舌头的老故事，继续在今天发酵。女作家的才华天赋从来不是重点，她和她身边男人的种种，才让人肾上腺激升。

其实情欲戏已经约等于零了。幸好是许鞍华，女作家的身体没有按商业片的逻辑简化为欲望符号。并非不能做情欲的铺陈，只是情欲并非这一个自由寂寞身的唯一面向。

萧红多义的身体，成为她文学作品之外的另一个可作女性主义解读的开放文本。

生而自由的身体，是权力的造反者。身体的集体异动也常常昭示着新时代的到来。20世纪初的一拨中国青年，便是用他们年轻的身体召唤出了一个新的时代。脱离父权家庭，走向公共社会，奋不顾

萧红

身，一意孤行，抗争与逃跑成为时尚流行。中国现代女性的形成，也是从身体的觉醒开始。不再接受被强行安排的婚姻，走出闺阁的宿命，放弃家族的荫护，去向更美好的远方。只是，女人的出走故事永远和男人不同，社会为后者在失去家族倚靠之后提供了去处，却没有为无父无夫的单身女子准备容留之所。抗婚、

时代镜像中的性别之思

逃走的萧红作为一道无法接受的耻辱,成为被父权家庭永远流放的孤魂。

饥饿、无家可归、死神随时到访。始终要记住,她开始写作时的身体特征。

身体特征,是理解她的文学创作的必经维度。她生命中绝大多数时候,居无定所贫病相随,她还两度在流亡中怀孕、分娩,与死亡擦肩。她以柔弱之躯经历着这一切,在离乱的间隙,在香烟的给养下,不停地写。写女性、写农村、写战争、写时代。写北方的人们对于生的坚强,对于死的挣扎。她写得如此生动、精准、有力,仿佛"用钢戟向晴空一挥似的笔触,发着颤响,飘着光带"(胡风语)。她终于成为现代文学史上一个无法超越的高度。

她的写作过程,是她的成长经历,同时也是一个不断被驱逐、戮害和击碎的身体为了最简单的"活下去"的欲望而做的生命抗争过程。或者说,这两种经历本身是相互赋予相互促成的,不理解这一层身体体验就无法真正理解她的作品。

她那屡屡被时代和日常暴力伤害的身体,以及临死前被手术刀胡乱切割的身体,与她笔下的女性,那些破碎的生命何其相似。在小说中,她曾借人物的口,提出自己的问题:"满天星光,满屋月亮,人生何如,为什么这么悲凉?"(《呼兰河传》)"她想要离开这个飘荡的船,走上陆地去。但是陆地在哪里?"(《弃儿》)

男人是文学之外可以倚靠的彼岸吗?这正是困顿她,也让她被后人恶意曲解的地方。

最为人津津乐道的事实之一是,她短暂的 31 年生命中曾两次

第二辑 性别与影像

怀着一个男人的孩子和另一个男人结合。听起来好像很惊世骇俗，难怪今天的道德家们讶异声声。乱，或者贱——网络流行语有时无耻到不像人话，但在同时也准确无误地佐证了某种对女性身体的规训企图确实从未消失过。这种规训带着不同的面目出现，时而阴暗淫邪，时而道貌岸然，就是无法理解特定境遇下女性对自己身体的处置方式。

怀孕的身体，是这个女人和一个男人性交时刻的记录和公然声张，她激发着人的性联想而独具性感，又被某种鼓励生育的文化圣洁化，为了保证胎儿的安全，还会被要求承担守贞责任。在男性色欲和生殖欲双重窥视下的怀孕的身体，既性感又贞洁，摇摇晃晃，颤颤巍巍，有一种让人欲罢不能的性魅力。但这种魅力仅限于男性视野，作为孕妇的女性首要的任务就是安静和贞洁。

萧红的问题在于，她怀孕的身体太活跃了，她不仅散发出性魅力，还要与另一个男人结合/结婚，让两个男人在她身体上留下的性痕迹同时出现。这样的女人，不被各种混乱的言语恶毒攻击才怪。就连怀孕本身，也被荒唐地视为她的错。仿佛怀还是不怀，她可以决定。却绝不愿意去想，那是一个没有避孕术的年代，女人除了被动的怀，被动的生，全无决定自己身体的可能。说到底，还是不能容忍一个女人对自己身体的支配。

还有更义正词严地指责：她竟然还将一个孩子遗弃，让另一个夭亡。这几乎是一个女人最不可饶恕的罪过，没有母性的女人，就是恶魔。连带着，将她追求的"自由"也污损一通。在女性的身体被钉牢在母职的文化里，人们甚至会失去基本的思考能力。没有人去理会她是否有成为母亲的条件，没有人去想，她连自己都养不活，怎么去养一个孩子。也许在很多人眼里，身无分文的女人都应该像《神女》中的母亲那样，卖身育儿，也不能为了自己的自由，连孩子都不要。这是怎样作践人的逻辑，女性只能将尊严和肉体供奉在母亲这个祭坛上，才能在道德上站立，才能平衡看客们失衡的心理。总之，一切都是她的错，不是这个不能给她提供条件的环境的错。

她担着这一切并非该由她承担的错，带着遭遇过各种摧残的病体，心有不甘地早逝。

从对萧红的种种责难中可以看到，纵然已过去半个多世纪，女性的身体，依然在承受着闲言碎语式的无处不在的压力。

当然，就算在萧红的时代，也有不同的女性做出不同的身体选择。比如当萧红说她不懂政治，只想将身体安放于一张安稳的书桌旁时，丁玲却主动投身到革命和政治的漩流中。而与红色延安相去遥远的孤岛上海，张爱玲以另一种孤绝的姿态宣告自己的决定。她们的选择或结果会比萧红好一些吗？被囚禁于北大荒十二年的身体和在美国一个人孤独死去的身体，不还时时通过文字的形式，向今天追求自由的女性发出声声恫吓？

郝蕾（右）在《黄金时代》里饰演丁玲（左）

偶然发现，《黄金时代》里饰演萧红和丁玲的两位女演员，都是以情欲的身体在荧幕上铸就永恒（汤唯与郝蕾）。这是巧合还是导演的有意安排？两个时代具有相同的身体自主性的女性，在影像中默契地重合。让我们仿佛看到，一种永恒的延绵不绝的力量，也同样涌动在历史的潮汐里。

《黄金时代》是我们这个时代稀缺的女性之声，是近来少有的优秀的女性电影。萧红的意义不止于文学史，中国现代女性的构成史上，她是无法绕过的，始终熠熠生辉的那一笔。《黄金时代》的意义也不止于萧红，它的出现以及引起的对萧红的谈论，已延伸出更为广阔的时代和性别的命题。在时代与性别之间，站着的正是那一个个离经叛道的，自由的，闪光的身体。

|《革命之路》:主妇革命,路在何方

艾珀伫立窗前,一滴鲜血从身体里滴落下来

丈夫和孩子都出去了,艾珀马上行动。她烧好热水,铺好毛巾,准备在家中为自己引产。手术似乎成功了,她步伐虚软,脸上的光彩却仿若重生。就在她伫立窗前眼含憧憬地想象新生活时,一滴鲜血不意外地从身体里滴落出来,将地毯污染。

这是 2008 年上映的萨姆·门德斯的《革命之路》中最令人揪心的一幕:怯懦而甘于自欺的丈夫以为再度怀孕会让艾珀放弃搬去巴黎的计划,孤立无援的她一心想着的却是铤而走险,用自己的双手除去梦想道路上的阻碍。结果是悲剧的,艾珀失血过多而死。

影片取名《革命之路》(Revolutionary Road)。首先是因为这是艾珀所住社区里的一条路。这很反讽:平稳安逸的中产阶层生活在本质上是反革命的。革命之路,也像是在形容这对年轻夫妇差点实施的新生活计划:离开美国,奔向巴黎。但从意志和行动的角度来看,革命之路更像是属于艾珀个人的。她有着比丈夫更为强烈的改变现状的愿望,哪怕冒着违法和死亡的双重风险。那么,为什么? 为什么是艾珀?

第二辑 性别与影像

和丈夫的消沉是源于对看不到前途的低级销售工作的厌倦不同，艾珀的焦虑更多是因为以丈夫和孩子为中心的主妇生活与自己理想的渐行渐远。对有过演员梦想的艾珀来说，主妇生活越完美，就越像是一个对她的诅咒。革命火种的擦燃，是女性本我的潜意识举动，是对女性存在意义的追问——这个主题，是不可以用泛泛而谈的"对平庸生活的抵抗""对梦想的追求"这样的议题来混淆和替换的。但《革命之路》偏偏就在这类安全话题上兜圈子，真正关乎革命的20世纪50年代主妇的精神困境问题则被悬置和稀释了。

在史蒂芬·戴德利的《时时刻刻》（Time）中，问题清晰地落到了女性身上。同为主妇的劳拉·布朗，也如艾珀一样，眼看着主妇生活蚕食着她的自我

《时时刻刻》中的
劳拉·布朗在看《达洛维夫人》

而无处发声。她外表风平浪静，精神已濒临绝境。在如往常一样面带微笑妆容精致地目送丈夫上班之后，她将儿子寄托在邻居家，一个人开车，走上了自杀之路。当她在小旅馆中吞下大剂量安眠药等待死神来临的时候，与她共赴生死的，除了腹中的胎儿，就是随身携带的小说《达洛维夫人》。小说作者弗吉利亚·伍尔芙在预感到又一轮抑郁症即将到来的时候，她离开家，自沉于附近的河流中。劳拉·布朗没有成功，她活下来了，不过，是抛下丈夫和孩子独自生活。她的革命之路和艾珀的殊途同归，都

117

是为了找回自己，过一种真正让内心安宁的生活。《时时刻刻》也成为电影史上经典的女性电影之一。

艾珀的歇斯底里和布朗的抑郁寡欢，并非影像的有意夸大。20世纪50年代的美国，正是经济腾飞的黄金时期。高就业与高福利带动了郊区的扩张，形塑了中产阶层理想的生活，也催生出"郊区家庭主妇"这样一个经典的美国女性形象：她们受过良好的教育，但她们不再像前辈们那样为了获得和男性的平等地位而走向公共领域，她们回到家庭，在被认为最适合女性的领地里兢兢业业。无数女性以此为人生目标，找到中意的丈夫并保持稳定的夫妻关系是她们的毕生事业。她们接受高等教育，只是为了将来成为更出色的妻子与母亲。电影《蒙娜丽莎的微笑》中，著名的卫斯理女校不过是高端家庭主妇的储备学校，不断鼓励女生冲破束缚的那位女教师的革命者形象反而显得古板可笑没有女人味。头顶中产光环的主妇们难以体会到：以女性的生理特质和天性使然为理由进行的角色安排，实际是在为女性生命空间设限。《革命之路》一开场就暗示了这种郊区主妇生活背后完全性别化的劳动分工：职场是男人的世界，女性即便有份，也只是从事那些作为她们家庭角色延伸的秘书工作。郊区的主妇们被隔绝在这些领域之外，以她们为目标的广告、杂志、影片、政府宣传，等等，则在不断强化这种安排的合理性。尽管如此，主妇们还是渐渐感到了空虚与不满足。但她们不敢声张，生怕会被斥责为贪心不足：你们过着这么好的生活，竟然还不满足？！难以言说的内心苦闷，最终外化为种种神经官能症。弗里丹在《女性的奥秘》中这样描述到：她们或是经常把自己浸泡在洗碗槽里，或是待在自己的房子里哭个不停，或是给孩子讲笑话，自己却没有笑。

第二辑 性别与影像

生活杂志、心理医生、科研院所，一齐上阵来调理主妇们羞于启齿的精神症状。你之所以如此，是因为你没有充分适应环境——强调适应而非对角色进行质疑，是这些方案的共性。生有三个孩子的纽约记者弗里丹，感同身受于主妇们不足与外人道的内心挣扎，她无法满足那些以弗洛伊德女性心理学为基础制定的解决方案。

《女性的奥秘》作者贝蒂·弗里丹

在《女性的奥秘》这本再度引发女权思考的重要书籍中，她指出，家庭事务与公共事务的分离和妇女被局限于家庭的现象，是妇女经济边缘化和社会依附化的根源。所谓女性的奥秘，就是女性努力与之相符的社会为之定位的角色：完美的母亲或妻子。以女性的生理功能来规限女性的生活空间，是以男女形式上的平等掩盖实际上的不平等。

20世纪60年代，第二波女权主义运动兴起。运动主张之一就是要求消除差别，将各个公众领域对女性开放。正是因了这场社会运动，女性才渐渐有了更多的活动空间，可以进入各个领域施展才能。今日美国社会中女性能在政坛、在职场玩得风生水起也拜当年的女权运动所赐。难怪《革命之路》的小说作者耶茨说他的创作动因也是想唤起人们对这个革命时代的记忆。

今天，作为一种职业的"主妇"在美国依然存在。只不过，和20世纪50年代不同，在更为开放的社会氛围下，主妇职业至少看起来都是出自女性的自主选择，对主妇工作价值的认可则变现为保护女性利益的社会福利和法律条文,社会主流道德观也在促成丈夫们对家庭的贡献和婚姻的忠诚。 革命似乎真的成了历史。 创下播放记录的美剧《绝望的主妇》中,主妇们的故事在继续上演,但那不过是喜闻乐见的美式家庭伦理剧,有主妇情谊亲子关系,有悬疑惊悚家长里短,唯独没有对主妇身份的质疑,中产阶层婚姻家庭观依然牢不可破。 在前两年上映的《消失的爱人》里,高智商主妇将全副"武功"都用在了如何捍卫婚姻和控制丈夫上,心狠手辣令人胆寒的蛇蝎美人不过是婚姻道德的臣服者和捍卫者。 对婚姻制度本身所具有的压迫性的反思完全不是这类主流商业电影的诉求。 反倒是在遥远的东方,在同样是反映主妇生活的日剧《昼颜》里,主妇们结盟、出轨、纵火,一次次虽败犹荣的婚姻突围,很具有革命性。

在《昼颜》里,主妇们结盟出轨

伴随中国式中产阶层的兴起,和曾经的"家庭妇女"有着完全不同的知识结构和阶层属性的"全职太太"群体也在逐渐形成。 她们在忙些什么呢? 电视广告里,她们和高档厨具婴幼儿用品精美化妆品一道,传授着完美主妇的炼成秘籍,网络上和八点档电视剧里,她们在忙着和婆婆和小三儿斗智斗勇。 可是,这就是主妇们的生活全貌吗? 当有些女性欣然接受全职太太身份召唤的同时,一部分女性依然在职场和家庭间纠结:曾经,接受更好的教育是为了有很好的职业独立自主;现在,种种压力、信息都在暗示你应该回

第二辑 性别与影像

归家庭。 这个选择题,为什么总是由女性来做? 那些已经在全职太太角色中的女性,也绝非外人想象的那样潇洒快活,孩子教育、夫妻关系,无一不是让主妇们头疼的事情。 你是否感到郁闷和焦虑? 不要紧,心理医生、小三劝退师、灵修、女性魅力培训课、好妈妈育儿班,各种方案在等着,总有一款适合你。—— 什么? 革命? 你一定是脑筋搭错了吧。

|《颐和园》:女性身体叙事及其困境

作为对男性占有话语霸权的男权社会的一种反抗,女性身体叙事(Body Narrative)最早见于西方20世纪六七十年代的文学作品中。20世纪70年代,"女性写作"的推行者、法国女性主义理论家埃莱娜·西苏(Helene Cixous)就曾经主张,女性作家应当经由女性身体出发,寻找女性话语权,表达被历史上占统治地位的男性书写忽略和遮蔽的女性欲望,以及被歪曲的女性生存实境。这一主张基本概括了"女性身体叙事"的内涵和目标。20世纪末,大陆的一些女性作家开始进行女性身体叙事的尝试,开创了所谓"身体写作",引起了很大争议。但是,不管"身体写作"取得了哪一种性质的关注,它在大陆目前的文学创作中都并非主流。女性的欲望以及承载欲望的身体,并未因此而走出男性话语编织的囚笼,在文学作品中获得自如伸展的空间。

大陆电影中的女性身体的命运大抵相同。在各种影像中,女性身体或是以迎合男性审美取向的姿态,作为被男性群体观赏的"对象"而存在;或是以次要的、陪衬的地位,隐身在男性主角背后缄默无言……自然,影像中的社会景观也是经过男性视角筛选,按照男性的思维方式和经验特征来安排结构的,带有鲜明的性别烙印。因此,在这样一个男性中心的影像世界里,娄烨的《颐和园》①就显得格外引人注目。影片跳出常规,独树一帜地

---

① 对于片名,娄烨本人的解释是,颐和园是片中男女主人公谈恋爱的地方,在这里,他们度过了人生中最美好的一段时光。坊间另外一种解释是,颐和园作为中国最有权势的女人为自己建造的皇家园林,喻义着这是一部完全以女性为中心、展示女性隐秘的内心世界的影片。

第二辑　性别与影像

选择了纯女性视角，以女主人公将近 20 年的生命/身体经验为线索，通过女主人公的各种"欲望"形态与同时代的社会脉象之间的相互映照，串联起了 20 年来中国社会转型与时代变迁的历史轨迹。那么，影片中的女性身体是否如创作者之愿承担起了如此沉重的叙事任务？我试着从以下三个方面展开探讨。

一、《颐和园》中的女性身体叙事

1. 欲望的身体

先了解一下片中女主人公——余虹。

余虹出生在东北边境小城图们，1987 年到北京上大学。1989 年休学回家。然后，陆续在深圳、武汉、北京等地工作。整个影片从 20 世纪 80 年代

女主人公余虹（郝蕾饰）

末一直拍到 2000 年以后，跨度达20 余年。影片中，将余虹20 余年的人生经历串联起来的，是她与大学恋人周伟之间的爱情故事。两个人在大学阶段疯狂相爱又肆意互相伤害，几度分合，直至余虹休学，周伟出国。若干年后，周伟回国，找到余虹，但两人已回不到从前。

若只看故事情节，影片似乎和一般的爱情电影并无二致。但是，电影在叙事方式上并没有沿袭常见的男女两性互动的模式，而是完全从余虹/女性的身体经验的角度，以余虹/女性为中心来讲述故事，女性在这部电影里拥有绝对的权威地位。

影片一开始,就点明了余虹的家境——母亲早逝。母亲的形象通常是女儿在性别社会化过程中重要的模仿对象,母亲角色的缺失,似乎决定了在余虹的性格里必然存在"生硬"(一位女性好友对余虹的鉴定)的成分。所谓"生硬",和周伟及大多数男性喜欢的女性特质——"温顺"恰好相反,是与规范、驯顺等传统文化所要求的女性特质相对的。余虹不仅不够"温顺",而且具有一些通常用来形容男性的特点:独立、强悍、放任不羁。表现在两性关系上,便是余虹对于自己的身体"欲望"能够坦然面对和主动追求。去北京上学的前夜,她把初夜交给了家乡的初恋情人。大学里,她在宿舍里大胆释放自己的"欲望"。与周伟分开后,她也不断经历着不同男性。"欲望"带给余虹的,不只是身体的欢愉,还有从身体经验中获得的女性意识。通过"欲望",认识"身体",通过"身体",认识"性别","欲望"成为余虹认识自己和体验社会的全部起点。当然,这个过程并非一片坦途,它伴随着身体的躁动、灵肉分离的痛苦,以及自由化的个体与社会体制对抗时的混乱。

但是,不管余虹是如何坦然地处置身体的"欲望",有关身体"欲望"的"不健康"内容从柏拉图时代开始就不断受到主流话语的批判和排斥,与精神的追求相比,身体的"欲望"总被认为是低级的、卑劣的、甚至是邪恶的。但不可辩驳的是,身体是人作为个体独特存在的标志,对身体"欲望"的呈现在一定意义上是对存在本身的印证和阐释。余虹便是借由"欲望"来确立自我。她不受社会教条的拘束,以自主自由的态度处置自身的"欲望"。在与男性的对垒中,她从未将自己摆在从属、被动的位置,而是大胆主动地追求"欲望"的满足。在与同性的关系

第二辑 性别与影像

中,她身上具备的区别于传统女性的"生硬"个性,更使她成为同性依赖甚至依恋的对象。她抽烟、她不"温顺"、她还教室友如何自慰。

2. 身体的叙事

影片中,女性身体暴露的尺度是相当大的,但是,"身体"或者"女性主义"并非电影表现的主题。"身体"作为余虹感知世界的重要渠道,既承载着她的欲望,也承载着本片的叙事任务。从20世纪80年代末到2000年近20年的时间里,余虹的身体经验日益丰富,从青涩变得成熟,从躁动不安变得略显疲态。影片在讲述余虹身体经验的同时,还通过一系列的时代符号,如各个时代流行的着装、音乐、生活方式等来表明人物所处的社会发展阶段,另外,还辅以某些社会事件的纪实性原始影像,来表现与她的身体经验同时发生的20余年社会变化。

1987年,余虹离开家乡图们来到陌生的北京。外面的世界让她兴奋,也让她身体里不驯的基因有了一个放纵的舞台。这时,电影以罗大佑摇滚版的《青春圆舞曲》为音乐背景,迅速的对课堂、宿舍、运动场等大学生活场景进行镜头切换,以此揭开余虹大学生活的序幕。这一幕时间虽短,但是既交代了女主人公的生活环境,又着重表现了20世纪80年代末大学生的生活状态。在大学里,余虹纠缠于周伟和其他男性之间,欲望蓬勃却躁动不安,感情专一却行为不端,让她与周伟之间的感情充满伤害。在表现余虹大学阶段的身体经验的同时,影片还通过一系列生活细节,进一步展示了当时大学生的精神面貌:酒吧里西化的娱乐方式,教室里的诗歌朗诵会,宿舍里自由大胆的性爱,摇滚和古典并存的多元文化环境……就在两人分分合合

时代镜像中的性别之思

之际,政治事件爆发,这时,电影再次以摇滚乐、黑豹的 *Don't break my heart* 为背景,开始交代人物的生活轨迹,同时还穿插着东西德统一、苏联解体、香港回归等纪实性影像:余虹休学回家,先去深圳,再到武汉。 周伟出国,开始异国他乡的漂泊。在分别描述了二人在武汉和德国的生活之后,镜头推向2000年、2001年……

2001年余虹与周伟重逢,却再也回不去从前

与一些时代符号和纪实影像同样担负叙事任务的,还有作为旁白出现的余虹的日记。 脆弱、敏感的身体以及身体释放出来的欲望信号,是余虹感知世界的最重要最信任的渠道。 她把自己的身体经验和对世界的感受,用日记的方式记录下来。 这些文字充满才华,又带有谵妄和人格分裂的痕迹。 透过这些呓语般的旁白,可以看到她在混乱的身体经验里感受到了爱情的炽烈与痛苦,感受到了社会变革来临前的动荡,她以女性独有的敏感呼吸到了与她一样躁动、一样茫然的时代气息。影片里,女性个体生命状态与社会变迁的场景交叠出现,身体经验中的混乱和焦虑与社会层面的浮躁和迷失互相映照,身体欲望从蓬勃到颓败的转变,与社会面貌从理想主义到全面平庸的转变互相映照,充分说明这并不是一部爱情或女性主义题材的电影。 影片实际上是从女性的视角,通过女性身体经验来展开宏观层面的社会叙事,并通过这种叙事对有关政治和历史问题进行追问与思考。

二、相关背景:第六代导演叙事风格的转变与"身体写作"的出现

毫无疑问,影片中的女性身体叙事并不代表目前大陆电影的主流。在某种程度上,影片对"身体"的暴露尺度还触犯了现行体制中的许多规范。但是,这样一部看似"异类"的作品的出现又并非偶然。我们可以从第六代导演的叙事风格以及文坛近年来出现的"身体写作"中发现这部电影的诞生"前兆"。

首先,第六代导演的叙事风格基本摒弃了前代导演热衷的宏大叙事,逐渐转向了私人叙事。这种叙事风格上的转变,为《颐和园》中的女性身体叙事作了重要铺垫。

"宏大叙事"来自于法国哲学家利奥塔的《后现代状况:关于知识的报告》,指的是"科学知识合法化"的叙事。利奥塔认为,后现代就是对"宏大叙事"的不信任和对"宏大叙事"手段的淘汰。之后,有很多哲学家、文艺理论家、历史学家从不同角度对"宏大叙事"做出不同阐释。从资料来看,"宏大叙事"大体上指的是这样一种叙事:"有某种一贯的主题的叙事;一种完整的、全面的、十全十美的叙事;常常与意识形态和抽象概念联系在一起;与总体性、宏观理论、共识、普遍性、实证具有部分相同的内涵,而与细节、解构、分析、差异性、多元性、悖谬推理具有相对立的意义;有时被人们称为'空洞的政治功能化'的'宏大叙事',与社会生活和文化历史的角度相对;题材宏大的叙事,与细节描写相对;与个人叙事、私人叙事、日常生活叙事、'草根'叙事,等等相对。"[1]

---

[1] 程群.宏大叙事的缺失与复归[J].史学理论研究.2005(1):51–60.

时代镜像中的性别之思

在第六代导演的作品出现之前，大陆电影整体偏爱和迷恋这种"宏大叙事"。例如，张艺谋、陈凯歌等第五代导演，在叙事上都主动追求或被动陷入了利奥塔所说的"宏大叙事"的视阈。他们将影像关注的焦点投向厚重的传统文化、痼疾丛生的民族心理或是混沌愚昧的生命群体，热衷于从国家、历史、民族的角度展开"宏大叙事"，对掩盖在"宏大叙事"之下的微小个体没有太多兴趣。但是，这种将"宏大叙事"奉为圭臬的做法，开始随着社会层面的文化生态环境的转向而有所改变。

后现代文化思潮的出现、电脑技术和网络的普及、影像表达方式的多元化等多种因素，使"宏大叙事"逐渐被平民话语所取代。有学者甚至认为这是一场重大的革命，因为它从观念上提供了打破权威神话的可能性，成为影像文化走向边缘和民间的开端。于是，我们看到，20世纪60年代出生的第六代导演在关注的群体和切入历史的角度上，都表现出与前代截然不同的旨趣。主要的表现就是他们更擅长也更信任与"宏大叙事"在价值上背道而驰的小叙事、私人叙事或日常生活叙事。例如，他们几乎不约而同的以边缘话语姿态，去捕捉前代导演镜头所遗忘的亚文化或被遮蔽的边缘人物，从一种平民化、民间化的立场去观察和呈现真实的社会现象。最有代表性的作品，就是贾樟柯的"故乡三部曲"，在这三部作品里，他都是通过小人物甚至社会边缘人的生存状态和生活轨迹来反映时代的变迁。这一新的叙事方式使寂寂无闻的普通平凡的生命个体逐渐挣脱被一系列宏大话语遮蔽和掩盖的历史，开始走入影像，具有了在影像中记录时代、书写历史的价值。

正是因为第六代导演在叙事风格上的特点，《颐和园》中的

第二辑 性别与影像

女性身体叙事就显得并不突然和偶然,它与第六代导演的整体叙事风格完全一致。长期以来,女性以及女性身体在大陆电影的影像中不仅处于边缘化的地位,而且还遭受着双倍于其他个体(男性个体)的视觉侵犯:她不仅在镜头语言中处于被轻视、被漠视的位置,还常常在以男性话语为中心的影像世界里被拿来作为观赏和把玩的对象。因此,女性身体叙事完全具备私人叙事的特点。

其次,20世纪末大陆文坛出现的"身体写作",也可视为《颐和园》中女性身体叙事的前奏。"身体写作"的创作者几乎由清一色的女性作家组成,包括陈染、林白、卫慧等人。她们继承了五四以来的新女性写作,并在内容上突破了以往女性作家的尺度,对女性身体经验进行大尺度的细致描写,力图通过这种"身体写作"呈现女性的真实生存状态,并从中提炼出专属于女性视角的社会认知与历史经验。当然,这种大胆、先锋的创作方式招致许多非议与批评。但是,不管这种"身体写作"受到什么性质的关注,它却确凿无疑的在大陆文坛树立起了一面具有鲜明的女性特质的、写着"欲望"和"身体"两个大词的旗帜,女性终于借由自己的身体,发出了褒贬不一却掷地有声的声音。当女性的"欲望"和"身体"冲破传统文化沉重的樊篱,不再迂回羞涩地在男性目光的注视下欲说还休时,这的确意味和标志着女性意识以及女性地位的提升。事实也证明,身体写作、女性意识的提升以及作为其意识形态支撑的女性主义思潮,在大陆造成了不小的影响。《颐和园》将焦点对准女性身体并以此作为叙事重心,沿用与"身体写作"相同的叙事方式,很难将二者视为两类不相干的创作。

三、《颐和园》中女性身体叙事的意义

《颐和园》选择从女性视角来表现社会变迁，这是对第六代导演叙事风格的延伸与发展。前文中已经提到，在第六代导演出现之前的大陆电影影像中，微小的生命个体是淹没在"宏大叙事"的洪流之下的，女性尤其如此。她不仅是社会中最微弱最边缘的一群，而且她的"身体"还处于被权力意志长期压迫的境地。因此，这部电影中的女性身体叙事的意义不止于叙事风格上的突破，还体现了更深层次的价值诉求。

在《颐和园》中，女性身体和身体经验的"暴露"尺度在大陆电影中是少有的。影片一开始，就有一段余虹与初恋男友急迫而草率的"野合"镜头，背景是那座封闭的边境小城。犯禁的身体与封闭环境的对比，显露出余虹的性格中不受教条约束的特点。从她在整个过程中的反应来看，此时的余虹对自己的欲望和身体还比较懵懂，但就是这次"野合"，从此掀开了欲望的大幕。余虹从此一发不可收拾，完全被欲望这双大手控制了生活的方向。到大学之后，余虹不羁的举止使她成为议论的焦点，也吸引了周伟的注意。两人相爱之后，频频在学生宿舍这样一个受校方监视和控制的环境里偷尝禁果。余虹甚至如入无人之境一般到男生宿舍去找周伟，放纵欲望，纵情享受身体的狂欢。但是，身体的欲望让她快乐又让她害怕。"我们分手吧，因为我离不开你"。正是这句台词暴露了余虹矛盾的内心世界。她的身体渴望一种秩序，同时又害怕这种秩序对自由构成束缚。这种矛盾带来的结果是，她既渴望感情有所归属，又停止不了身体上的背叛。毕业之后，两个人分手，远隔两地。余虹来到一个中部城市的事业单位工作，工作环境沉闷、压抑，她无法割断对周伟的

第二辑 性别与影像

想念,却已经身心俱疲,空虚无聊之际,身体再度出轨,与一个已婚男子发生了关系。这一回,却只有简单的欲望,她因此而"非常放心"。

女性主义主张关注女性的身体状态。这里的身体状态不是指女性的生理机能健康与否,而是指女性身体所承载的社会符号及意义。女性的身体行为与处境可以视为社会层面的各种关系形态在女性身体上的投射。英国社会学家布莱恩·特纳(Bryan S. Turner)曾经指出,社会本质上是一个"肉身社会",一个社会的主要政治与个人问题都集中在身体上并通过身体得以表现。① 那么,从女性身体的状态可以发现社会层面的大量问题。在《颐和园》里,仿佛印证了"压迫越深,反抗越强"这句话,禁忌与社会规范非但没有压抑余虹的欲望,反而成为欲望的催化剂,余虹的女性意识在这种不受拘束的欲望表现中体现得非常强烈。的确,女性主义认为,女性意识产生于对自己身体的思想,女性要拥有自己的性别,只能退回到身体,并由此出发来表征自己独立的生命体验和价值立场。女性首先就是从身体被男性话语所奴役的状态中解放出来的过程中重塑女性意识的。《颐和园》中,余虹不仅通过承载着欲望的身体苏醒了女性意识,而且,还冲破了传统文化体系中关于女性身体的禁忌,主动、大胆的追求身体的快乐。这种下意识的"犯禁",既是女性试图挣脱男性话语霸权赢得女性身体主权的过程,也是自由的个体对于规范重重的社会体制的一次次逾越和挑战。影片设置余虹这样一个人物绝不是无意的,导演在这个年轻的充满欲望的身体上寄

---

① [美]布莱恩·特纳.身体与社会[M].马海良,赵国新译.辽宁:春风文艺出版社 2000:14.

托了很多想法,希望通过这个人物传递的讯息绝非"欲望"或"身体"这般简单。

伊格尔顿(Terry Eagleton)认为,"肉体中存在反抗权力的事物"。① 人类的身体不仅具有生物意义,还具有强大的反意识形态的作用,身体内部难以遏制的欲望对压抑人性的政治、经济、道德秩序构成致命的威胁。 正由于对身体所隐含的革命力量的恐惧,人类历史上任何一个高度政治化的极权社会,都在竭力倡导身体与灵魂的二元论,建构蔑视身体的文化传统,通过对身体的专政实现政治专政。 在中国数千年的专制社会里,一直存在着压抑身体、否定身体的文化传统和道德传统,尤其是对女性身体的压迫与残害,曾经达到令人发指的地步。 因此,当女性集中在身体层面对男性话语进行突围的时候,不啻一个最受压迫的群体在对各种压抑人性的制度进行卓绝的反抗。

四、《颐和园》中女性身体叙事的困境

《颐和园》中的女性身体叙事挣脱了许多捆绑在大陆电影身上的重重荆条,对女性身体经验的呈现以及借由女性身体所表达出来的对体制的质疑,都在某种程度上触犯了一些禁忌。 这种独立、自由的精神的确值得称道。 需要指出的是,女性身体虽然承载着许多社会意义,但并非所有的身体叙事都必然通向深邃的思想。 可以说,女性身体叙事本身就是一把"双刃剑",拿捏不当,不仅有损女性身体的尊严,而且可能走到女性主义初衷的反面。 20 世纪末的"身体写作"最受人指责的一个问题就是,一

---

① [英]特里·伊格尔顿.美学意识形态[M].王杰,傅德根,麦永雄译.广西:广西师范大学出版社,1997:17.

第二辑　性别与影像

些作者并没有通过女性身体叙事真正实现解放女性、树立女性的目的,真正进行了"用肉体表达思想"的实践。相反,"身体写作"遭遇了许多尴尬处境。例如,对身体的描写变成了纯粹的欲望盛宴;借商业炒作上位的做法恰好迎合了男性猎奇窥视的欲望,女性身体再度沦为被消费的对象。那么,《颐和园》在这方面做得怎样?片中的女性身体是否成功地完成了叙事的任务?影片中有关个体层面的"欲望"和"身体"的思考是如何延伸到宏观层面的社会历史的?这种叙事策略是否可靠,得当?……一系列问题都需要从影片中女性身体叙事遇到的困境中去寻找答案。

　　首先,是身体的呈现尺度问题。并非身体呈现的尺度越大,就越有表达的力度。大胆的尺度或许最初能够带来视觉上的冲击,但是频繁的大尺度暴露身体细节,反而可能造成所谓的"视觉疲劳"。《颐和园》中对女性身体以及身体经验的呈现带有很强的写实色彩,尺度很大。这或许是一部有关爱情的电影无法回避的内容,但是,对一部并不以色情为目的而是有其他价值追求的作品来说,身体的表现方式显得更加重要。影片在一定程度上没有把握好这个尺度。无节制的呈现身体,让影片有堆砌"欲望"之感,不仅让人视觉"疲劳",而且令人感到厌倦,更不用说去思考"身体"所承载的深层内涵了,"身体"的价值因为过度透支而仅剩生物层面的低级"欲望"。

　　其次,影片所要表达的主题与片中的女性身体形象既然是互构关系,那么,两者应当在价值取向上保持同一。当影片是由女性导演掌镜时,这一点不难做到,当电影采用女性身体叙事的方式,却是由男性导演来掌镜时,男性导演如何让自己的性别在影像中退场,不去干扰镜头语言,却是一个很难的问题。不无遗憾的是,《颐和园》在这一点上做得并不理想。在表现性爱场面和女性身体的时候，导演倾向性很明显地以男性审美取向主导了镜头语言。这使镜头中的"女性身体"留下了被男性目光筛选过的痕迹，与影片选择的女性视角自相矛盾，互相背离。影片想通过女性身体叙事所表达和传递的观点，也因此而变得意向不清，态度不明。

再次，要判断影片中的女性身体叙事是否成功，还要看影片中的欲望、身体和社会这三个核心概念是否有效地串联在一起。例如，如何通过女性"身体"来呈现"社会"变迁的过程、如何通过故事和影像建立欲望、身体和社会之间的内在联系，等等。这些问题在女性作家的"身体写作"中没有得到妥善解决，这部电影也一样。对于所有试图由个体经验进入到社会层面展开叙事的导演来说，首先都必须要掌握好将"个体"或"身体经验"嵌入社会事件中的叙事技能，必须要能够熟练地在身体经验与社会事件之间搭建起叙事的桥梁，才能避免身体叙事的困境。我们看到，在《颐和园》中，一些关系到情节推动和人物性格发展的重大社会事件却屡屡被简化和虚化为女性身体经验发生的背景，这种做法必然带来两层后果，第一层后果，使片中的女性"身体经验"降格为纯粹的"欲望"经验，使影片中只有"欲望"的呈现，没有"身体"的叙事。第二层后果，同时也是更为严重的后果，是影片对一些重大社会事件的表现方式，容易使观众产生一种误识，即一些集群性事件的发生不过是年轻人荷尔蒙释放的需要。当然，这肯定不是导演想要表达的观点，也并不能完全归结为导演个人能力上的原因，但这种处理方式易使影片的思想性缩水。

最后，女性身体叙事可以围绕单一主题展开，也可以涉及多个主题。《颐和园》属于后者。我们可以发现，就像《站台》

是贾樟柯的自传体作品一样,《颐和园》也打着导演娄烨很鲜明的个人印记,他以女主人公余虹为代言人,以她的学习和生活经历串起了一部带有自传色彩的个人成长史。可以说,这部电影寄托了导演太多的个人情感,他要借这部影片表达属于他们这一代人的生命体验和精神追求。同时,影片中的故事又发生在北京,导演在里面似乎又掺杂了对于政治和历史的态度。在这之后,影片又通过字幕中显示的年份、地点,以及影像中呈现的20世纪90年代当时中国社会的诸多场景,表达了导演对社会变迁过程的关注……太多充满了隐喻的影像,都充分说明导演的野心是想借这部电影表达对个人与社会、肉体与精神、身体与权力等多个有着内在联系的问题的认识与看法。多重主题必须要由一个严谨完整的叙事结构来支撑,可是,影片中的女性身体叙事在结构上显得松散无序,情节安排轻重失调,不足以承担起表达多重主题的任务,导演的野心未能顺利实现。

《颐和园》中女性身体叙事之所以存在各种困境,有技术层面的原因,但又不能简单地归结为技术问题。目前的拍片环境、女性身体叙事的意义还未得到足够重视、女性主义作为异质于中国社会的观念体系还未得到全面的阐释与实践,等等,这一系列因素都会构成女性身体叙事进一步扩展与延伸的障碍。困境的解除与障碍的扫清,有赖于一个包括女性在内的所有群体都能平等、自由地表达自我的社会环境的形成。唯有如此,女性以及所有真正关心女性生存和人类福祉的电影才有值得企盼的未来。

(《南大戏剧论丛》2009年第6期)

性情哲学

|《青蛇》：师傅，你动了凡心

《青蛇》剧照

夜深人静。

再一次看《青蛇》，看里面那两个风情万种的蛇妖，看里面那缠绵凄切的郎情妾意，看里面的波涛汹涌生死轮回，看里面的俗世情爱的胜利。

这两条蛇原本可以好好修炼等待成仙。这法海原本坚信"妖就是妖"。这许仙原本是个不解风情只知圣贤书的迂夫子。

可这白蛇只是偷看了俊美的许仙一眼，便放弃成仙的机会有了做人的愿望。她芳心暗许，思忖着如何将今生托付于他。道行尚浅的青蛇，不懂姐姐为何如此迷恋人间，只是对许仙暗自

第二辑 性别与影像

好奇。

钱塘江畔，白蛇谋划了一场春雨，将许仙诱上了画舫。 呆子样的许仙，哪里见过此等人间难有的妖娆女子？ 一搂腰、一执伞、一望眼，已是心驰神摇，方寸大乱。 仙境般的白府里，白蛇终于在许仙的迷乱中，履践了人世的欢愉。 不谙人事的青蛇，妒忌起许仙抢去姐姐对她的爱。

善良的白娘子不惜牺牲功力，以仙术医好了百姓疾病，是非不分的捉妖道士却偏偏盯着她不放。 因为，在他眼里，"妖就是妖"。

在道士的提醒下，许仙对白娘子的妖气似乎有所察觉，却迟迟不愿相信带给他快乐的这美好女子会是妖。 极乐的欢爱，已将他迷惑。

对姐姐与许仙的情愫，青蛇开始似有所悟。 她也想一尝人间的滋味，开始与姐姐争夺许仙。 白蛇对她所说的"从一而终"的道理，不仅没有成为她的戒条，反令她误会了白蛇，愈加无忌的引诱起许仙。

玩闹中现了蛇形的青蛇，吓破了许仙的胆。 为救许仙，姐妹二人前去寻找灵芝仙草，路上却遇法海的阻挠。 一心想证明自己不输于姐姐的青蛇，竟在与法海的相持中让其动了凡念。 又羞又恼的法海，无法接受自己的苦心修行顷刻败于男欢女爱，决意收服这两条"惑众"的蛇妖。 他劫走许仙，迫其为僧。

在斗法中，白蛇诞下一子，却被洪水卷起的雷峰塔镇压。 青蛇救出了许仙，却失望于他已成了无知无觉的傻和尚，遂用剑将其刺杀。 法海侥幸得胜，却震惊于一直与其斗法的白蛇，竟然真的已变成了"人"。 怀抱着白蛇初生的婴孩，法海陷入了困惑：难道他一生恪守与捍卫的清规戒律，都是虚幻？难道这人间的情爱，都是罪恶？若是罪恶，为何又能让妖修成了人？灭绝人欲与人情，就是真的佛吗？他真的胜了吗？

　　一个古旧的传奇，在新的诠释下获得了现代意义。温润的画面像在氤氲水气中打湿了的宣纸，扮相摇曳生姿的两个绝色蛇妖就是画中仙子，还有撼天动地、排山倒海的那一场酣战，制造出空前绝后的视觉盛宴。还有各个角色之间始终交织着的暧昧关系，在单纯的视觉愉悦之外考验着道德对人性的解释力。

　　在篡改后的结果中，那本是纲常礼教的卫道士的法海，头一回让人对他的"非"人生活心起怜悯；那白蛇与青蛇之间，头一回有了同性之恋的暗示；那原本健全多情的许仙头一回被活生生地逼成了灭绝人欲的僧人。这人欲的诱惑，果真就这样强烈，果真就这样可怕，果真就这样让妖、让人、让佛都颠覆了自己的前世今生？

　　如果道德使人成为"非"人，这是什么样的道德？人间的正邪善恶是非，如果能绝对清晰的划分，这又是什么样的人间？

　　万物归宗，人才是根本和唯一可重视的。就像白蛇所说，修炼了千年，却仍不懂得人情世故，那样的修炼又有什么价值？就像那《天使之城》中下凡的天使，纵使可以在天上无爱无欲地永生，也远远不及人间的一滴热泪更让他觉得有意义。就像舒婷在诗中写道，与其在冰冷的悬崖展览千年，不如在爱人的肩头痛哭一晚。

第二辑 性别与影像

《光棍儿》:另类视角的底层叙事

《光棍儿》剧照

《光棍儿》的出现像一个奇迹。没有大制作(仅30万元"天使投资"),没有大明星(本村老乡本色演出),也没有玄幻的画面惊悚的剧情,仅凭着顾家沟村四条老光棍性趣盎然的"私生活",就支撑起了一部有趣好玩的电影。

食色,性也。古往今来,色或者性,就是人们在生活中最津津乐道的话题。它是人的本能,是生活本身,它无所不在,是一切人间悲喜剧的来源。但它同时也是一种资源,在分配过程中遵循自然法则,强者,即世俗意义上有权有钱之人,能占有更多的性资源,处于社会底层穷得叮当响的人,他们的性需求,谁来关心?《光棍儿》将镜头对准了这样一个群体——农村单身汉,再把他们的性史性事作为原始的颜料,描摹出了一幅贫寒卑微却蹦跶着不息生命力的农村图景。

四个老光棍儿的故事分别是这样的:老杨,因为穷,眼看着相好的人嫁给了村长做老婆,但两人一直藕断丝连;顾林,想占小姨子的便宜,老婆发现后一怒之下带着小姨子跑了;大头,碾

139

时代镜像中的性别之思

谷时在女社员身上揩油,结果被机器轧断了一只手;六软,十二岁就娶了亲,初夜却不堪回首。

有意思的是,除了老杨,村长老婆还私通另外两个光棍儿,光棍儿们还自愿掏钱来供她的儿子上大学。 这种奇妙的性平衡和性社会网络,在这个没有女人愿意嫁过来的贫困村里被包括村长在内的村民们默认并延续着。 直到有一天,老杨花6000块买回来一个年轻貌美的四川媳妇,这个原本井然有序的格局才被打破。 村长老婆对留了一手的老杨心生怨恨不再理他,比老杨条件好的年轻男子俏三也看上了四川媳妇。 事情最后以老杨出让媳妇,重回单身收场。 失落不已的老杨耐不住寂寞,跑到城里找小姐,反被敲诈了一把。 这时,已是俏三老婆的四川媳妇主动找到他,愿以陪睡一晚换一张回四川的车票,老杨答应了,却被赶来的俏三打了个半死。 老杨跑到六软家避难,被六软抠摸一宿不得安宁,跑到顾林那倾诉,才知道原来六软喜欢的是男人。

剧情并不复杂,加上中间那段看似与性无关的、瓜贩与瓜农之间相互欺压殴斗的一幕,就是《光棍儿》的全部内容了。 可是,也正是这些每天上演的性趣闻性琐事呈现出了这个村子里性生态的特殊质感:粗粝中浸满人情(如光棍们自觉自愿掏钱接济村长老婆,如对六软的同性恋行为用"往东的不往西,操屁股的不日逼"这样看似粗俗的语言予以解释和包容)、压抑中不乏激情、看似混乱却有其自治的道德准则。 再加上顾家沟村的光棍演员们操着粗瘔生动的方言本色演出,以及剧中交替出现的荤味十足的地方戏和正儿八经的新闻联播节目,让整部电影在轻松喜气的氛围中时常升腾起一种难分虚实的荒诞感,让人笑中带泪,前一刻刚被民间语文中直白露骨却富有创造力的词汇逗笑,后一秒

第二辑 性别与影像

又为农村的残酷现实感叹唏嘘。

当我们进行底层叙事的时候,怎样的叙事才能接近底层的原貌? 什么才是那个"原貌"? 在顾家沟村这样一个贫困村落里上演的一切,很容易与野蛮愚昧这些词语联系起来。 这里有收买被拐卖妇女、有"一妻多夫"、有随时随地发生的"性骚扰"。 假如带着一种似是而非的现代性批判眼光来看,这里简直是一个罪恶丛生的地方,这些光棍儿们的故事也继而成为道德斗士们瞋目和鄙夷的对象,满足着一种热衷猎奇的消费趣味。 从这个村子里走出来的导演说,这些都是真实发生在他们村的故事(没有满足猎奇的刻意编造),也没有制定营销策略靠它卖钱,现在网上能看到的视频,也是拿到光盘的演员自己放到网上去的。 也许正是因为素材真实并带有本乡本土人的天然情感,影像中的底层农村呈现出了贫乏想象所不能及的深刻多面。 那不是一个与现代社会决然对立的触目惊心之所,那里一样有着伦理秩序与人情,那群饥渴的光棍儿身上既雀跃着躁动的生命力,也闪现着不容置疑的人性光芒。

《路边野餐》:时间编织了世间所有的谜

一

在影院放映厅落座。眼前的屏幕空洞沉默,另一个时空尚未开启。

灯渐次暗下来,唯独"安全出口"的标识刺眼地亮着。

粗糙斑驳的墙面,一个着白褂的医生背影出现在屏幕中。

画面昏暗,原来是一间小诊所。老年女医生给唯一的同事,一位中年男医生开药。

"只有死人是不生病的。"

贵州凯里方言,乡音亲切,如洪荒时代人类共有的语言。时空界限逐渐模糊,放映厅中的人,已与屏幕上的融为一体。

吃三次药,在男医生那听成了"停三次电",他走神了,另一个世界滞留了他。

镜头随看似无意义的对话及女医生的走动,转向屋外。诊所外,可见远处的山和高楼错落的剪影,近处,冥火烧得正旺,黑夜成为一团暖红色的情绪,酒鬼的狗又在到处乱跑。不在人世的亲/爱人们,今夜我又思念难平,沉疴缠身。

这是《路边野餐》的开场。

强烈的地域色彩和极其生活化的场景,简陋,陈旧。过去的还在那里燃烧,未来依旧是谜团,此刻的我们,意乱神迷。

第二辑 性别与影像

二

仿佛是讲一个如何与过去告别的故事。

茕茕一人的女医生,儿子死于车祸,常常梦里来见她。年轻时分别的恋人住在镇远,再次联系上,希望能再见一面。

男医生老陈,早年混黑社会,替老大出头犯了事入狱九年。出狱后,母亲、妻子都已去世,同母异父的弟弟有一个孩子卫卫,老陈视同己出,却已被人带去镇远。

老陈出发寻找卫卫,同时受女医生所托,捎带一盒旧磁带、一件衬衫给她在镇远的昔日恋人。

中途,老陈走进一个时空暧昧的幻境。在这里,他与逝去的妻子、长大后的卫卫相遇。仿佛已得到内心的安宁,他来到镇远,放心地将卫卫留在了早年丧子的黑社会老大身边。老医生的昔日恋人已经病逝,但他的芦笙已有传人,恋曲声声,依旧滋养大地。

三

又分明不只是讲"告别"。

影片片头出现的《金刚经》里说:"过去心不可得,现在心不可得,未来心不可得。"

一切时间的相,都是虚妄。

过去、现在与未来,在影片里界限模糊地糅合在一起:前一场景是诊所里的老陈,下一个场景是和妻子相爱时的舞厅;前一个场景是混黑社会时替老大出头,下一个场景是和弟弟争要卫卫……

中间又时常出现超现实的存在:过去的舞厅宇宙射灯挂在现

在的屋子里，野人的新闻和驱赶野人的招数……梦境也总是浮现：沉入河中的绣花鞋，画面是吹芦笙苗人的蜡染……让人几乎要迷乱，不知哪些是真哪些是假。

人本身是由无数个无从把握的瞬间组成的时间的存在，每一个现在既是已经流走的过去，又是即将到来的未来的一部分。

所以影片不只是关照从悔恨和遗憾的束缚中解脱的个人（了却心事的老陈、女医生、花和尚），它还有一个隐秘的主角：无始无终不生不灭的 —— 时间。

随处可见时间的存在：片中的卫卫喜欢画的钟表、黑社会老大死去的儿子托梦给他要手表、老医生过去恋人的照片与磁带。

还有各种时间的意象：环状的山洞、圆形的轮胎、球灯、扣子、循环往复的火车轨道、河流、瀑布。

荡麦幻境

时间就是人类本质的维度。海德格尔曾问：什么是时间，时间是否就是我们自己，我是否就是我的时间？他的回答是肯定的，所谓的"存在"，即现实存在的人，正是由转瞬即逝的"时间"构成。

博尔赫斯咏叹："时间是一条把我卷走的河流，但我自己就是河流，时间是一只把我撕成碎片的老虎，但我自己就是老虎，时间是一团把我烧成灰烬的火，但我自己就是火。"

我们身体的每一个细胞里都隐藏着时间的毒汁，一点一滴地

第二辑　性别与影像

将我们腐蚀。

所以生命永远不会让我们无动于衷，因为它总是处于一种即将结束的状态。死亡的觊觎，能够使哪怕最平淡无奇的时刻都有趣得让人心碎。

但生命又无止无息。诞生和死亡并非我们命运的开始和终结，而是我们整个生命中不断重复的成分。

四

毕赣镜头下的家乡，是一个游荡者眼中的乐园：角落、废墟、山洞、巷口、逼仄、嘈乱、昏暗、破败。镜头如时间，穿梭在这些无名的所在，捕捉着日常生活中的小细节。

让人莞尔的各种细节：老歪将摩托车取走后，镜头继续转向一侧正试图从装载车上开下来的一辆动臂超长的挖掘机。往前开，动臂和铲斗先着地，机身卡在了斜面的一半下不来。三个闲散的游荡者，站姿各异，在一旁认认真真饶有兴致地等着看这机器的结局。

为什么尊称他人"老师傅"对方却不领情？原来当地人最初不会搞事（交配），是看着狗搞才学会的，所以当地人管狗叫"老师傅"。

不到最后一刻不会揭晓的谜底，让再庸常的生活都有了值得一过的理由。

毕赣乐观温暖，他让影片中每一个人物，每一个小小的物件都有一个圆满的结局。

没买到香蕉的老陈最后站在了香蕉树前、不让放的鞭炮在别处放响、在报废汽车里模拟驾驶的酒鬼开上了真车、总是发不动

陈升站在了香蕉树前

的摩托车被发动、不会唱歌的老陈在幻境里为妻子唱起了歌、时间真的像卫卫说的那样开始倒流……

五

放映厅里。屏黑，灯亮，字幕升起。

终曲是李泰祥的"告别"。

"请听我说/请靠着我/请不要畏惧此刻的沉默/再看一眼/一眼就要老了/再笑一笑/一笑就走了/在曾经同向的航行后/各自曲折/各自寂寞/原来的归原来/往后的归往后"

是梦醒？还是堕入了新梦？

|《性爱大师》：色情狂 or 科学家

记得当年《欲望都市》一出，引无数美粉尽折腰。都市这杯五光十色的鸡尾酒，现在轮到女性自己来调配。有人据此说该剧很女权。其实，真要论起女权，剧中四人只有一个是货真价实的。这一个，不能是一看到密斯特 Big 就神魂颠倒骨头轻的女主角凯利。这人只可能是我的性事我做主的萨曼莎。她在男人为王的性爱世界里冲锋陷阵，将女人为大的旗帜插上每一个床头，试问，她不女权谁女权？

萨曼莎并非虚构，她的来历有据可查。这来历就是她出生时正在美国本土发生的一场浩浩荡荡的群众运动。要知道这运动为何发生，可参看《欲望都市》前传：《性爱大师》。

《性爱大师》走的是怀旧路线，讲的是 20 世纪 50 年代的事。

20 世纪 50 年代，那是一个让很多美国人念念不忘的美国梦时代：经济高速发展，物质极大丰富，中产阶级迅速崛起。一份体面的职业，一幢漂亮的房子，一个完美的主妇和几个聪明可爱的孩子，是当时人们最理想的生活模板。至于模板之

《性爱大师》中的男女主角

下隐藏着什么,并没有太多人关心。 比如以保守为正确的时代风气,比如主妇们独自凭栏时片刻的难以名状的怅惘。

妇科医生 Masters 就生于这个年代,他拥有精湛的医术,令人嫉妒的名声和美丽端庄的妻子。 唯一不足的是,他只能和妻子过着算好了排卵期以生育为唯一目的的性生活。 这本不算问题,在当时的环境下,这几乎是评道德楷模五好家庭的重要标准。 但对 Masters 来说,这却是生活中挥之不去的一道阴影。

《性爱大师》人物原型

这阴影也正是他多年来想要研究的问题的一部分:人类性行为是怎样发生又将往何处去? 参加试验的志愿者不难找,难找的,是个三观合拍的得力助手。 就在这时,Johnson,一个曾经的电台歌手,一个有过两次婚姻两个孩子的单身母亲,一个拥有多姿多彩丰富性史的缪斯女神,出现在他面前。 不可言说的默契让两人走在了一起,一项激情澎湃的科学研究就此开始。

研究的最后结果,是形成了一份具有里程碑意义的报告。

报告会当天,并不让人意外的事情发生了。 当 Masters 介绍研究结论之一即女性性高潮和男性生殖器大小没有直接关系时,男性为主的医生群体还能幽默面对,但当投影上出现正在自慰的女人身体和性高潮状态的阴道内窥镜头时,听众席开始骚动起来。

第二辑　性别与影像

色情、下流、不道德。男医生们一个一个愤而离席。他们不能接受的，究竟是放大了细节的女性性器官，还是某种性别上的挫败感——女人，竟然可以不通过男人来达到高潮？严格按照科学方法得到的结论受到如此对待，只能说明从崇尚科学到尊重科学，中间还隔着观念这道鸿沟。需要一场观念上的革命，才可为科学二字正名。两人的研究结果，就是在为这场革命铺路。

革命的端倪早在 20 世纪 20 年代就已显现，那是精神分析学开始普及的时候。用力比多（Libido）解释人类行为驱动力的弗洛伊德的书，也曾出现在 Masters 的手中。以实证数据做基础开创性学研究先河的金赛博士，则是两人的专业导师。1966 年，两人合作的 Human Sexual Response 正式出版，为现代性学进一步夯实了基础。

与此同时，新上市的避孕药在世界范围掀起了一场关于性伦理和堕胎问题的讨论。人类性观念史上一个革命性的转折点已经到来。为生育所困而不能充分享受性爱的女性，成为这场革命的直接受益者。从此，性就是性，可以和生育无关，也可以和爱无关。而性自由和性自主，直接关乎主体意识的形成，科学还原了性，女性发现了自己。

镜头转向中国。稍微翻看一下性文化史就知道，聪明会玩的中国人在性事上的想象力、创造力和开放程度，早就走在世界前列。但是在欲望中国活色生香的历史一页上，女性作为重要的在场者，并没有留下太多属于自己的叙述。女性的情欲及其表达是奸邪之源，是要严格限制在一个由儒家文化把守的空间之内的。

近现代，女权运动在民族危亡的时刻走上了历史舞台，但它的全部要义与作用，被所谓的民族解放事业过滤得只留下或强国保种或投身社会的一面，关乎女性自身愉悦的要求性解放的声音,淹没在了被认为更迫切更重要的宏大主题之下。 在那之后,即便有性的高度自由乃至"泛滥"的时期,女性的性自由也只有在便利了男性特权者的时候才获得存在的正当性。 绑在女性身上的那一根贞操带,不过是换了另一种方式继续存在。

进入新时期,女性终于获得各项基本权利。 但是这一切本应属于女性的权利却是以一种恩赐的姿态附加条件"给予"的,代价是女性的感恩和顺服。 男女平等的口号,在性的问题上更是暴露其虚伪。 而从男女平等到台湾女权运动中的那一声"我要性高潮,不要性骚扰"之间,隔着的也不仅仅只是一场观念革命。

女性的性自主,或许可以在私人领域里以假装很自由的方式存在,却难以获得像"尊老爱幼养育子女"这类社会规训一样的政治地位。 但是,即便形势如此,也不意味着女性会重新回到蒙昧时代。 科技的发展,观念的一次次更新,都在为女性追求多元性福创造着条件,并非只有男性和婚姻才能达成所愿。 我甚至非常乐观地相信,今天为之沉重的一切,或许会在将来以一种谁都没有想到的方式悄然瓦解。 因为,已经有各种力量在悄然积聚。就像《性爱大师》里表现的那样。

第二辑　性别与影像

|《欢乐颂》:姐妹情谊中的平等假象

在一部以都市女性为主角的流行剧里,不谈性是说不过去的。

性是塑造人物必不可少的元素。

海归高知精英女安迪,职场上霸气,生活中孤僻,一副性冷感的样子。和奇点认识之后,她初尝被爱的滋味,却没法有进一步的身体接触,好不容易克服障碍接个吻,还带有一点回报感恩的意思。

《欢乐颂》中的五姐妹

因为童年被遗弃的经历,安迪坦然自责,这是她自己的问题。一向按"生物本能"行事的曲筱绡作为局外人,另有一套解释:不是安迪的问题,是魏兄缺乏性魅力。

在曲筱绡看来,爱情不是头脑思考的结果,而是身体给出的直觉反应。成年男女在一起那么久还不滚床单,只能说明魏兄的性吸引力堪忧。

这个理论未必完全适合成长经历特殊的安迪,却颇能旁证曲筱绡的潇洒个性。

富二代和小太妹结合体的曲筱绡,是一个绝对遵从自己身体反应的主。医院里看病,人还没见着,光隔着电脑传来的雄浑磁

151

性的男中音就已经让她酥痒难耐。 再看人，一个360度无死角超级大帅哥，加上医生"制服诱惑"，她荷尔蒙瞬间飙升，立即确认：爱情到来了——要知道，这可是高智商的天才安迪左思右想都无法确认的难题。

曲筱绡顺从原欲，迅速开启"迷妹"模式。 夜店里得到赵医生以吻回应后，迅速反扑，当晚就把他收入囊中——手段和《西游记》里收服唐僧的女妖精一样一样的。

光这还不足以证明她的高明，她的真正厉害之处，不在于爱情问题上的判断力和执行力，而在于，当她得手之后，依然能在男人和事业之间保持清醒，孰重孰轻，谁先谁后，她一万个拎得清。

关雎尔，听父母话长大的乖乖女，大学不谈恋爱，20岁出头还白纸一张。 小清新文艺女青年寂寥落寞的面孔上，透着几分性压抑。 她和小邱那永远填不饱的好胃口，是胃的需求，也是身体在喊饿。

师兄的好评率颇高，对她也很好，但她并没有因为一个男人是众人眼里的好男人，就愿意与之发展朋友关系。 让她一见倾情芳心大乱的赵医生，代表了她心中的真实渴求：她需要一个富有性魅力的男人。

邱莹莹在情场上和在职场上一样，都是一脉相承的很傻很天真，轻易就着了姿色平平白渣男的道，任谁都喊不醒。 这和曲筱绡构成两个极端，曲有多精明老道，她就有多糊涂幼稚。

樊胜美，阅人无数的资深HR，凭半夜里的一个短信，就能看出白主管的不地道。 在两性关系上，她看不远，却看得透，所以，在男人问题上目的很明确，就想趁自己人老色衰之前，赶紧钓一个金龟婿。

第二辑　性别与影像

"性"的这条隐线，不仅仅用来塑造剧中人物，也用来展现全剧的基本思想：出身和阶层决定一切。

我们可以清楚地看到，尽管女性在这部剧中可以人人平等无比坦荡地表现对"帅哥"的热爱，但她们在拥有帅哥的机会上，完完全全不平等。她们可能拥有的男人的性魅力的程度，与她们的出身、阶层、年龄等因素直接相关。

从安迪到曲筱绡到樊胜美，女主角的年龄范围在 20～30 岁，最大的安迪也不过 31 岁。也就是说，超出这个年龄的女人，基本"没戏"可言。

这或许是现实的一种：只有这个年龄段的女性，在选择男性的时候，才可以名正言顺地要求男人"帅"。小关可以，小邱可以，因为她们年轻，也还算漂亮，这都是女人可以对男人外貌提要求的前提条件，小曲和安迪就更可以了，她们不仅足够漂亮，还超级有钱。

唯独樊胜美，清醒地知道，对她来讲，男人帅不帅已经不重要，重要的是有房有车。人人都爱帅哥，但在她这里，却必须要做一个取舍。她年龄要再大一点，在生活中可能会被人劝：只要对方是个男人就可以了，还挑什么挑。

就是这么残酷。

更残酷的是，就算这个年龄段的女性，还会因为出身不同，阶层不同，拥有不同的"男色"选择权。

最有性魅力的男人，只可能配给安迪。从老谭到魏兄，到小包哥，每一个都各有千秋。就算魏兄外貌一般，却能在金钱、智商和趣味上予以弥补，而这些，也都是男性性魅力的构成部分。

小曲配赵医生，小邱配小帅哥工程师，樊胜美配个也还算帅的实诚人。

看看，不同等级的女人，配不同性魅力的男人。

亏得导演认真细致，在选演员的时候，也在颜值上做了精确排序。

出身不同阶层不同的女性，甚至都无法平等地享有"快乐"的权利。

比如在安迪应该选择魏兄还是包亦凡的问题上，曲筱绡和2202的三个人发生了分歧。她根本看不上2202三个人的那种找个稳当男人嫁了的想法，她认为安迪所需要的，根本不是所谓的稳当，而是"快乐"。

说到"快乐"，试问谁又不想呢？谁不向往纯粹奔着快乐而去的婚姻呢？大多数女人之所以选择"稳当"而非"快乐"，综合多种因素而不是凭着简单的"性吸引"，不是因为不想，而是因为不能。

让曲筱绡说出这些似乎带有"女权"色彩的话来，不是男女平等的观念，而是金钱。有金钱的保障，才能率性而为随心所欲。一般女性，连想象一下的胆量都不会有。

就像樊胜美，王柏川是适合她的，也是她喜欢的，却未必是她最想要的。但她最想要的，根本不可能到她碗里来。在她所能勉强接触的圈子里，多的不过是曲连杰这样的有钱的流氓。

横在这几个女性之间的，是无法逾越的家庭出身与阶层。

当剧中试图以姐妹情谊模糊掉家庭出身和阶层差异的时候，给五位女性配以性魅力各不相同的男性的设置，却无形中强化了五位女性的差异，强化了有钱有好的出身，就有一切的观念。

这真的是让人欢乐不起来。

第二辑　性别与影像

《恋爱中的宝贝》：爱情之死

爱情与城市化

作为一部爱情题材的电影，《恋爱中的宝贝》选择了情人节作为它的首映时间。对于城市中的"宝贝"们来说，过情人节圣诞节一类的洋节，早已经是生活中习以为常的事情。在情人节这天，大家吃的是西餐，送的是玫瑰，听的是西洋古典音乐，讲的是"I Love You"，各种西式的情调渗透到了每一个浓情蜜意的细节。这一天的城市，浑身上下都透着"洋"气。

《恋爱中的宝贝》海报

西方节日逐渐进入到中国人日常生活的这一过程，是在"现代化"这一背景下发生的。作为背着"农业大国"包袱的发展中国家，城市化成了中国现代化母题下的重要的子命题。城市化这面大旗一挥，一幢幢高楼拔地而起，人口以城市为根据地迅速聚集，英语电脑小车飞快普及。短短20年，城市化的成效初见端倪，诞生了看上去富足优越啥都不缺的美好生活，也诞生了一批忽然间觉得生活中又少了点什么的刘志们——他们开始期待被一场突如其来的爱情"当街击倒"。

宝贝也是和城市一起长大的女孩。和在城市生活中如鱼得

时代镜像中的性别之思

《恋爱中的宝贝》剧照

水的刘志不一样,宝贝与身边迅速崛起的这座城市始终格格不入。这可能源于她幼年时的一次可怕经历。在她很小的时候,曾经有一台执行扩建使命的巨型推土机把她家的屋顶整个的掀了起来。这个破坏性事件不仅就此中断了她无忧的童年,还在她记忆中留下了一个无法医治的伤口,以至于她成年后的生活也笼罩在一个巨大的阴影之中。她本能地排斥那些钢筋水泥的结构,那些刺耳的装修声和嘈杂的机器轰鸣声,像一把锋利的钢刀,将她本来就残破的记忆切割得鲜血淋漓。

受伤的记忆,让她在陌生的城市里找不到自己出生的根据。小的时候,她问妈妈"我是从哪里来的",得到的答案让幼小的她既害怕又愤怒,难道,她真的像妈妈说的那样,是"从垃圾堆里捡来的"?玩笑似的答案和周围阿姨们放肆的哄笑使她愈加惊恐,城市像一个狰狞的怪兽,而她是那只容易受惊的小兔,眸子里时刻闪动着对这个世界的戒备与怀疑。

然后,她遇到了刘志,爱情在这两个同是城市里长大的年轻人中不可遏制地爆发了。对刘志来说,宝贝是他麻木生活里的最后一道曙光,对宝贝来说,刘志的爱情是她在这个城市里唯一快乐的理由。

第二辑 性别与影像

女性符号与城市意象

　　导演李少红向来以拍摄女性题材的影视剧作见长,她以女性特有的敏锐细腻的视角来演绎故事,让影片充满女性特有的人文关怀。在她的作品里,女性角色经常担当着双重任务,"她"既是故事意境的营造者,又是等待解读的特殊符号。女性符号与电影意境之间形成一股张力,在相互印证中凸现出影片的女性气质。

　　女性的身体脆弱敏感,因为要承担生殖、孕育未知的生命,而未知又意味着莫测难料的种种可能,女性的身体于是获得了一种让人敬畏的神秘感。在崇拜生殖的原始部落里,女体曾经被作为神偶来接受顶礼膜拜。人类通达未知灵性的一面,也多在女性身上闪现,像罗马神话里的女先知,或是电影中经常出现的女巫。女性似乎也更容易与疯癫的状态发生联系。海因洛特曾经认为,疯癫是人身上晦暗的水质的表征,水质是一种晦暗的无序状态,一种流动的混沌,是一切事物的发端和归宿,与明快和成熟稳定的精神相对立。在中国文化中,女性属阴,与水相系。

　　作为生命的载体,由妊娠、孕育、阵痛到分娩,这一伴随痛苦的过程,也让女性成为痛苦的寓言或是化身。但同时,孕育人类的伟大意象又让女性这个符号代表了母体,大地、家园、纯美、温柔、丰富、宽忍等一切美好的德行,她是不竭的河床,是温暖而安全的腹地,是生生不息的象征。

　　城市的意象,却是异质于女性的。它冷酷、坚硬、理性、横蛮、强固、粗糙、喻示着单一、机械、表面和异化。高耸入云的摩天大楼像是放大的男根幻象,四通八达的道路则延伸出进攻、掠夺、摧毁和占领的种种可能。城市的崛起建立在对土地的侵占上，光怪陆离的建筑、错综复杂的街道、纸醉金迷的声色，放大着罪恶与欲望，也放大着人类的无知与狂妄。

除了用故事情节来充实她对女性符号的建构，李少红也一向注重作品的画面感。从灯光到拍摄角度，从化妆服饰到道具的陈设，每一个细节的讲究，都是为了烘托一种华彩绚丽的视觉效果。同样，在她镜头下的女性也是无一例外的美，美得精致，美到让人心醉，像《雷雨》中的繁漪，《橘子红了》中的秀禾，《大明宫词》中的太平。这种美，往往又将这些女性命运的悲剧色彩烘托得更加浓重。

宝贝也是美的。她青春可人，甜美纯真，像天使一般纯洁善良。她孤独地生活在一个自我封闭的，却充满了奇思妙想的幻觉世界里，在这个世界里，她是简单的、安全的、完整的，有着享受不尽的快乐。她的身上好像藏着魔法，能给那些什么都不缺却依旧忧心忡忡的人带来快乐，能给整天争吵的家庭带来温馨，能给寂寞孤苦的灵魂带来喜悦和安宁，她美好得像不属于这个世界，她是落入凡间的精灵。

习惯了物质化生存的刘志们和这座富足的城市一样，什么都不缺，什么样的欲望都可以迅速得到满足，但是会在某个清醒的片刻失魂落魄，因为他们已经感觉不到自己的心灵。宝贝，就是他丢失的心灵。所以，他们遇到并且相爱，彼此给予又彼此需要。

城市却像一个幽灵，没有感情没有生命，在宝贝的记忆里就像那个可以摧毁一切的巨大机器。孩童时家园被毁的记忆是她最敏感的痛处，现实中只要稍有触及，就会给她带来强烈的刺痛。刘志起初不懂得这一点，以为通过物质就能向宝贝表达他的

第二辑 性别与影像

爱情,没想到,他的鲁莽举动吓跑了惊慌的宝贝。他寻找丢失的宝贝,也寻找丢失的自己。最后,在宝贝内心深处的创伤记忆里,他逐渐发现,她的美好正是她残缺的原因,她原来真的是这个城市的弃婴。

影片用特技,用不断切换的场景,营造出一个时而明媚如熙,时而冰寒似窖的魔幻世界,就像宝贝与城市这两个不断冲突、无法融合的世界。在这场力量悬殊的冲决中,粗野强悍的城市,一遍遍对女性符号中的美好意境施加着暴力,宝贝最后的疯癫与死亡成了必然。

疯癫与死亡

女性的疯癫在电影中经常得到呈现,《阿黛勒·雨果的故事》《卡蜜尔·克罗代尔》《37.2℃》中女主人公最后都走向了疯癫和死亡。也许,对于承载着美好,渴望着爱情给养的女性来说,毁灭才是最完美的结局。

福柯说,因爱得过度而失望的爱情,尤其是被死亡愚弄的爱情,别无出路,只有诉诸疯癫。只要有一个对象,疯狂的爱情就是爱而不是疯癫,而一旦徒有此爱,疯狂的爱情便在谵妄的空隙中追逐自身。

福柯说:被死亡愚弄的爱情只有诉诸疯癫

宝贝的爱情对象与其说是刘志,不如说是指向以刘志为寓意的城市。城市本应该给宝贝提供一个强大的依靠,让她的记忆可以安放,让她在疲惫的时候有一处可以归依的家园。但刘志们本身是失去方向的迷途一族,急不可耐的城市在疯狂地开掘每一寸土地的同时,也掀走了历史的证明,切断了记忆的线索。宝贝一直在循着记忆寻找爱情的出路,可是,面目全非的城市里,她失去了爱情的对象,她只有疯癫。在疯癫的幻觉中,她有了一个孩子,但她又时刻恐惧着有个巨大的力要夺去这个孩子。事实上,就像失去记忆的土壤不可能生长出有希望的明天,断了根系的植物只有等待枯朽,她繁衍无能,必须死亡。

残忍如福柯却说:死亡本身并不能带来和平,生命的结束使生命摆脱了疯癫,但是疯癫仍将超越死亡而取得胜利。虽然死亡让人回归了平静。帕斯卡甚至说,人类必然会疯癫到这种地步,即不疯癫也只是另一种形式的疯癫。

第二辑　性别与影像

《荒野猎人》：寻找现代文明的救赎之路

《荒野猎人》斩获奥斯卡多个奖项。

小李子陪跑奥奖20年终获承认、挑战视觉承受限度的血腥画面、对殖民史或人与自然关系的反思，都是该片被主要谈论的方面。

这些或基于商业宣传或体现政治正确的解读显然不是电影的全部。在热闹的形式与通俗的表象之下，影片是否还另有深意？

我们会看到，在"19世纪的美洲大陆"这样一个特定而具体的时空环境之外，影片还虚拟了一个可以独立存在的"实验室"情境。在"实验室"中，导演设置了一系列难以轻易做出判断的道德困境。各种道德困境考验的都是同一个问题——如何对待他人的生命或者文明？随时会与死亡照面的"荒野"，如同艾略特诗中的"荒原"，寓言了人类岌岌可危的精神世界，而得救的出路，就隐藏在对这一问题的回答之中。

一、虚实交错的影像语言

影片开始于一片宁静。但是很快，一支来自未知世界的夺命暗箭，刺穿了宁静的假象。紧接着，是长达数分钟的令人窒息的厮杀。

《荒野猎人》一开始就把人打入十八层地狱。

一镜到底的暴力铺陈，并不只是为暴力美学而暴力美学，它同时在交代故事背景：美洲大陆沦为西方殖民者劫掠之地，印第安人栖息的家园沦为强盗乐园，古老的部落文明危在旦夕。

这是历史上的真实一页，它足够证明影片对殖民史的批判立场。但是，除了这一层现实意义，影片还有更大的追求。

牺牲惨重、暂时逃脱的猎人们，前有恶劣的自然环境，后有印第安人的穷追猛打，陷入一个已经被上帝遗忘的生死绝境，人与人之间只有脆弱的利益关系，死神则可能随时到访——这幅图景，何尝不像现代人的精神困境？

格拉斯马肚里避寒

这样的一个困境，不再是之前土著与劫掠者之间矛盾的历史延续，更像是影片有意设计出来的、独立于特定时空存在的、具有普遍意义的"实验室"场景。

尤其是在主人公格拉斯误入熊窝，被母熊凌虐得奄奄一息，一队人马在决定是否要带着他继续上路的时候，影片中开始出现一系列考验人性的道德困境——这些内容都是原著中没有的。

在格拉斯"还魂"和"复仇"的过程中，影片中也不断出现超现实的异象，那是格拉斯的梦境，或是某种神秘主义的暗示，让影片呈现出个性独特的审美力量。

虚实交错显然是影片蓄意而为：以殖民者劫掠印第安人的真实历史为壳，以背景模糊虚化的"实验室"场景来探讨作为故事内核的,更为恒久的人类难题。

二、两难的道德困境

在导演精心设计的"实验室"中,埋伏了多个道德困境,它们检验着剧中人道德判断的能力,也将同样的问题抛向银幕前的观众。

误入熊窝之后的格拉斯已经从一个经验丰富的战士,变为逃命路上的累赘。带着担架上的格拉斯上路,大家死亡的概率毫无疑问地增加了。

马上有人想到杀死他。

这很像桑德尔乐于引用的电车难题:能否为了保全众人的性命而牺牲另外一个人?

队长一度坚持带上他。这倒并不完全是出于康德主义式的绝对道德,而是因为只有格拉斯识路,留着他还有用——一种典型的功利主义的算计。在权衡了格拉斯的用处和可能带来的危险之后,队长那本就不坚定的道义之心也开始动摇。

男孩出于天性的纯真善良,格拉斯的儿子出于父子亲情,无法容忍杀人行为的发生。需要注意的是,被死亡追赶的极端环境之下,出于"善"的动机做出的反应,却可能带来"恶"果——很多人将为此丧生。出于人伦亲情这样一种特定的私人情感所做的决定,也不能强加给没有血缘关系的其他人。

队长最后以悬赏的方式,招募了两个人陪伴照顾格拉斯,以让后者有尊严的死去。看起来很有人情味,本质上仍是伪善和遗弃,是对格拉斯的生命不负责。

根据影片之前对菲茨杰拉德这个人物个性的展示,基本可以

《荒野猎人》中的格拉斯(左)与菲茨杰拉德(右)

猜想得到,他只是为了钱留下来的,他心里想的只是赶快逃命,所以他一定希望格拉斯尽快死掉。那么,就由他来动手吧。在动手之前,也许是为了让自己良心能安,他还试着征求格拉斯的同意。

他让格拉斯通过眨眼表示同意。这是一个花招:人可能永远不睁开眼,却不可能永远不眨眼。而且,同意的达成,需要双方都具备同等的意志表达能力。此时的格拉斯已经痛苦不堪命悬一线,他如何可能具备清醒的理智,来对这样一个关系自己生死的决定表态?

格拉斯闭上眼睛的一刻,像是意志的放弃,也像是对菲茨杰拉德恶意的无奈允诺。

于是第二个问题来了:经过他人同意的杀人,是否具有正当性?

就在这时,格拉斯的儿子出现了,这个可怜的孩子并没有看到之前"征求意见"的一幕,只看到菲茨杰拉德正向自己深爱的父亲下毒手,他大声叫喊想唤来他人的帮助。菲茨杰拉德二话没说,杀死了他。

菲茨杰拉德后来对自己行为的解释是,担心这个孩子招来敌人。这并不完全是狡辩。的确有印第安人在寻找他们。而且,

第二辑 性别与影像

他曾经被印第安人剥去头皮。恐怖的往事让他对印第安人有着超出常人的恐惧和仇恨，在极端情境下，他还会不自觉地放大身边潜在的危险。

那么，是否可以为了避免更大的（也许是假想中的）危险，或是保护多数人的生命而杀害他人？这和之前的问题类似，但是由于剥头皮这一恐怖事件发生在前，此时的情境比电车难题更为复杂。

杀死格拉斯儿子之后的菲茨杰拉德似乎没有勇气再直接杀死格拉斯，他选择了活埋。虽然格拉斯的头露在外面，但严重的伤势，加上天寒地冻，使菲茨杰拉德的行为仍然等同于杀人，而且他追求的也是"格拉斯死"这个结局。

没想到的是，奇迹发生了，格拉斯竟然活着回来，找他复仇。

值得追问的是，格拉斯求生和复仇的动力，是菲茨"杀死"了自己，还是菲茨杀死了自己的儿子？

人未必会为了自己，却可能为了至爱而产生难以用常理解释的求生动力。格拉斯的梦境或幻觉里多次出现他的儿子，只有儿子的死，才足够唤起他求生的动力。从最后他与菲茨杰拉德决斗时的对话也可以看到，他复仇，是因为菲茨杀死了自己的儿子。

即便如此，当他向菲茨杰拉德刺出关键一刀的那一刻，他还是迟疑了。

如同哈姆雷特的"延宕"，如同赵氏孤儿的"怀疑"，格拉斯在取得仇人性命这一问题上，陷入了正当性追问。

他有权决定菲茨杰拉德的生死吗？

一个困境接着一个困境，直到最后，影片还在设问。而所有的道德困境都指向：我们应当如何对待他人的生命？尤其是当他人的存在可能危及多数人的利益、在对方夺走了至爱之生命的时候,我们该如何决断?

这里有艰难的价值判断。 无论做出怎样的价值判断,都会通向一个唯一的道德境遇,正是这个道德境遇,预示着人类的未来。

三、菲茨杰拉德与格拉斯:人性的两张面孔

影片中塑造了菲茨杰拉德和格拉斯两个截然对立的人物。他们是故事中矛盾的双方,又像是人性的两张面孔。

菲茨杰拉德是人性中懦弱的一面。 这懦弱表现在他对欲望和恐惧的无限屈服。

他带着并不奢侈的欲望来到美洲 —— 赚一笔钱,回家买一块地,为自己养老。 但是,仅仅就是这个欲望,也可以让他不择手段。 他受雇于他人,仅仅将大陆当作掘金之地,在他的眼里,只有利益,没有人情,没有道义。

置身于危险环境之中,他难免心怀恐惧。 相比眼前可见的危险,对危险的恐惧更让人恐惧。 敌人没有出现,危险却滞留在脑海中,经久不散。 对潜在敌人的恐惧,在想象与幻觉的滋养下,变得漫无边际。 面对头脑中看不见的敌人才更害怕。 这是一种"盲目的无用激情"。

如何消除恐惧? 他选择的不是与恐惧直接照面,而是懦夫惯有的方式 —— 欺负弱小。

所以,尽管菲茨杰拉德是整个电影中唯一的"恶人",但他也并非《老无所依》中那个见人就杀,代表荒原上一股"无因之恶"的绝对的恶人。 他更像一个被"盲目的无用激情"所支配的可怜人。

第二辑　性别与影像

正因为他就是懦弱的化身，他于是极善于发现和利用他人的弱点来为自己脱罪。在每次做出"恶"行之后，他总是能轻易地戳破他人的恐惧、自私和怯弱并以此来证明"你并不比我更道德"。

格拉斯代表了人性的另一面。

他首先在身份上就有别于那些冷血的强盗。他只是受雇于队长，为他们的猎捕工作提供一些帮助。他也和那些对肤色不同之人充满歧视的白人不同，他和印第安女人相爱，还有一个褐色皮肤的儿子。不幸的是，他妻子死于殖民者的杀戮，为了保护家人，他还杀死了一个"同族"的白人军官。

在他昏迷时的幻觉，或沉睡的梦境里，不时地出现死去妻子的形象。印第安语的符号图像与诗句、坍塌的教堂，也在暗示着他的内心世界里有尚未抚平的伤害与痛苦，有需要重建的心灵家园和精神信仰。

与其说他是一个猎人，不如说他是一个身份不明者、一个等待救赎的负疚者和负罪者，他是被抛掷荒岛的鲁滨逊，又是但丁笔下的漫游者奥德修斯，在不断寻找回家的路。

他是影片中唯一的英雄。

不仅是因为他拥有战场上的勇敢和常人不及的顽强意志。还因为他在孤绝与恐惧之中的表现，以及对待他人生命的态度，显示出了人类理性和道德所可以达到的高度。

影片中的大自然壮阔奇美，也冰冷残酷。恶劣的极寒之天，随时出现的猛兽，都足够吞噬一个微小的人类。孤身置于自然状态下的荒野之中，人类首先面对的是自然恐惧。在自然恐惧中，人面对的是完全没有手段和力量来对抗的敌人。但是，人的理性可以完善自己的手段和力量，可以尽可能规避自然的危险。格拉斯在求生之路上，以工具生火、疗伤、围网捕鱼、马肚避寒，都是人类理性的表现。

对待他人的生命，他是怜悯的，所以，他一定会伸手援救被绑架的印第安女人。即便杀子的仇人就在眼前，他也一样的会犹豫：我是否有权利决定他人的生死？

为什么犹豫？

也许是在求生过程中，他多次感知到神明的眷顾。荒野上的孤独状态，需要神明的持久在场来弥补。格拉斯虽然被人类队友遗弃，但没有被神明抛弃。在好几次生死攸关之际，他或者是得到自然的馈赠，或是得到他人的帮助，然后奇迹般的生还。不足以致死的瀑布悬崖、共同坠落的马匹、忽然出现的印第安人，这些"偶然性"都是神明在场的证明。

在这些意外发生的"还魂"经历中，他得以有机会更深地思考生命的意义。影片中多次出现这样对比鲜明的画面：渺小的他，站在巨大的牛骨堆前，或是置身无边的穹顶之下——他是否在思考这一切的正义性：人类可以因为自己的欲望冒犯自然、侵略他人吗？

人类的得救，最终依赖于自身的道德勇气，依赖于对他者生命的尊重。

当格拉斯放弃插下去的最后一刀，不是因为中了菲茨杰拉德的话语诡计，而是在调用理性的力量，做出一个合乎道德的决定。

当他决定将仇人抛入水中，让神明来做出裁判的一刻，他也就真正得救了。

得救不仅意味着他逃离了孤独绝境，还意味着他脱离了自身的罪孽。比摆脱死亡威胁更重要的是,解脱"沉重的负罪感"。他的得救,也因此而具有了精神救赎的意味。

四、殖民者与印第安人:文明的两种形态

不只是如何对待他人的生命,还有如何对待他人的文明。

影片中对殖民史的批判,不只是以呈现殖民者的冷酷残忍来实现。带着明显的价值判断,片中对比了两种不同形态的文明,对于所谓的现代文明,导演显然抱有深深的忧惧与怀疑。

开场厮杀中出现的冷热两种武器——弓箭的繁复程序与枪械的直截了当,已经代表了两种文明的鲜明对比。

两种文明,也是以不同的人群联结方式来构建社会秩序。

现代文明建立的基础之一是契约。契约以理性、功利人的假设,将陌生人联结起来。但是如罗尔斯所说,契约的目标并非是选择建立某一特殊的制度或进入某一特定的社会,而是选择确立一种指导社会基本结构设计的根本道德原则(正义原则)。也就是说,除了人与人的关系,契约还意味着人需要建立与自然、与上帝之间的联系。

如果没有这个指引,契约就不过是一种牟利的手段或者工具,人们或许可以建立暂时的联合,却无法建立起一个生死相依、休戚与共的,以至高的善为终极目标的命运共同体。

于是我们看到,将猎人们联系起来让他们愿意为高额利润卖命的是"契约",关键时刻决定他人生死的是"契约",甚至对印第安人明目张胆的抢劫,还虚伪地以"契约"的方式来进行。

断裂了与神明之间联系的这群人,不过是"天下攘攘皆为利

往"的乌合之众，他们放弃了人的灵性生活，活在最原始的兽性层面，为了利益相互倾轧，互不关心，一切人算计一切人。他们与自然之间，不过是征服与被征服，利用与被利用的关系，他们无知而傲慢。失去头顶永恒的道德律引领，这样的人类社会终将踏上不归路，迷失于欲望的丛林。

被称为"蛮族"的印第安人，依靠另一种方式建立人与人之间的联系。这就是涂尔干所说的"集体意识"：社会秩序的建立，并非以个体利益为前提，而是以共同体的团结为现在的准则。因此，伤我族中之人，就是伤害了我族，必以全族之力，不惜一切代价实施复仇。其意义，不在于恩怨两讫，而在于加强族群的团结，只有这样，人类才足以抵御未知的凶险。尚未拥有枪炮利器的"原始人"对于孕育生命的自然充满了敬畏。在印第安人的诗句、岩画以及仪式之中，处处显出"野蛮人"对自然的崇敬。甚至连影片都带有一种到自然主义的原始宗教中去寻找救赎之路的倾向。

也难怪，精神的归依与灵魂的安顿，的确是现代人面临的紧要问题。

(《戏剧与影视评论》2016 年第 2 期)

《蝴蝶君》:性别身份的设置及其文化意涵

华裔剧作家黄哲伦的代表作《蝴蝶君》一直是东方主义、后殖民主义研究的经典文本。在诸多研究中,有两种颇具代表性的观点:一种是认为此剧成功地对东方主义进行了批判;另一种是认为《蝴蝶君》用解构的手法实现了对殖民话语的超越。我个人认为,无论是何种形式的文化阐释,其可行性和有效性都有赖于对

"蝴蝶君"原型在法国受审

一个基础性问题——剧中两个主角的性别身份的设置。《蝴蝶君》中,两个主角的性别身份各有其特殊性,正是由于这种特殊性,双方性别关系才会有发生变化直至逆转的可能,这种关系所象征的东西方文化权力关系的反转与颠覆才可能发生,对东方主义的批判和对殖民话语的超越也才可以实现。

一、《蝴蝶君》简介

1964年,法国人伯纳德被派驻中国大使馆工作。同年圣诞节,他认识了中国京剧演员时佩璞(音译),二人从1965年开始同居。之后的20年里,二人因各种原因分分合合,但伯始终以为时是女性并且已为他生下一个孩子。1986年5月,时被巴黎

特别重罪法庭以间谍罪判处6年监禁,同时被判6年监禁的还有伯纳德,后者被控从1977年到1979年向中国提供了30多份法国外交文件。 也就是到了这个时候,伯纳德才知道,时佩璞是一个男人,那个"孩子"只是为了取得他的信任而找来的弃婴。①同年5月11日的美国《纽约时代》也报道了此事。②

  以一系列反映中国移民生活的剧作而成名的华裔剧作家黄哲伦看到这则报道后,马上意识到事件背后所深深隐藏的他称之为"文化误识"的问题以及将故事搬演上舞台之后可能具有的戏剧冲击力。 在架构剧本的时候,当事人分别来自东方和西方的细节则让他很自然地想到了在西方长盛不衰的经典歌剧 —— 普契尼的《蝴蝶夫人》。③

  《蝴蝶夫人》讲述的是一个东西方异族男女之间的爱情悲剧:年轻的日本姑娘巧巧桑爱上了美国海军军官平克顿。 不久,平克顿随海军舰队返美,将已有身孕的巧巧桑留在了日本。 平克顿向她保证,来年知更鸟再次啼叫的时候,一定会回到她身边。 巧巧桑在盼望中忠贞不渝地等了三年,期间还拒绝了日本皇室的求婚。 当平克顿再次出现的时候,身边多了一位金发女人,那是他的白人妻子,他们一起回来为的是要回巧巧桑的孩子。 伤心欲

---

  ① 目前可获得的资料,多来自网络,见《南都周刊》的报道:http://past.nbweekly.com/Print/Article/8199_0.shtml。

  ② "一名前法国外交官和一个中国歌剧演员因为替中国充当间谍已经被判处在监狱中服刑六年,在历经两天的审讯后,发现了一个秘密的爱情故事,它也是一个错误的性别认同的故事……布希科(伯纳德·布希科)先生被指控,在他与时先生坠入爱河后向中国传递情报,而20年来他始终相信时先生是个女人。——《纽约时报》1986.5.11"见《蝴蝶君》([美]黄哲伦.蝴蝶君[M].张生译.上海:上海译文出版社.2010)的"剧作家说明"。

  ③ [美]黄哲伦.蝴蝶君[M].张生译.上海:上海译文出版社,2010:149.

第二辑　性别与影像

绝的巧巧桑在交出孩子后，用父亲留给她的短剑结束了自己的生命。

黄哲伦在创作《蝴蝶君》时借用了《蝴蝶夫人》的故事结构，但是剧中人物的关系和命运是倒置的：与《蝴蝶夫人》中东方女子对西方男子痴情不改最终殉情不同，在《蝴蝶君》中，是西方男

不同版本的《蝴蝶夫人》唱片

子死于东方幻象的最终破灭——法国外交官伽里玛（原型即伯纳德）爱上了中国京剧演员宋丽玲（原型即时佩璞），在得知宋的真实性别和身份之后，他选择了自杀。黄哲伦将完成的剧作取名 *Monsieur Butterfly*，即"蝴蝶先生"。这颇像一个针对西方男人的带有反讽意味的隐喻。后来，他又用法语的形式将剧名缩略了一下，改为性别特征更含糊但也更耐人寻味的 *M. Butterfly*。因为在法语里，先生 Monsieur 和女士 Madame 的首字母都是 M。

同年 10 月，黄哲伦完成了《蝴蝶君》的剧本。1988 年 2 月，同名剧作在华盛顿国立剧院首演，3 月移师百老汇并获得巨大成功。黄哲伦也凭此剧夺得当年的托尼奖最佳戏剧奖，奠定了自己在美国戏剧界的地位。1993 年，加拿大导演柯南伯格将其拍成了电影，《蝴蝶君》以不同的艺术形式为更多人所知。

173

二、对《蝴蝶君》已有的文化阐释

《蝴蝶君》完成之后不仅成为戏剧界的经典剧目,也成为东方主义、后殖民主义研究领域里的经典阐释文本。其中有代表性的观点有如下两种。

一种是认为,《蝴蝶君》成功实现了对东方主义的批判。所谓"东方主义",源自东方学著名学者萨义德,原意是指西方对近、远东社会文化、语言及人文的研究。有时也指西方作家、设计师及艺术家对东方的模仿及描绘,或者对东方文化的同情与欣赏。自20世纪以来,经由萨义德等人的文化批判工作,东方主义已逐渐成为一个带有负面色彩的词,通常指的是在"西方"的知识、制度和政治/经济政策中,长期积累下的一种将"东方"假设并建构为异质的、分裂的和"他者化"的思维。这种思维折射出的乃是一种西方凌驾于东方之上的傲慢与偏见。英国东方主义研究学者萨达尔便是以《蝴蝶君》为对象,深入分析了文本中的东方主义批判意识。

萨达尔指出,黄哲伦想借伽里玛这样一个最终为自己的东方幻象所害的角色来说明,东方主义幻象之成见的本质,乃是"并不知晓的欲望"。东方主义幻象所派生的假想知识,并不以精确性和效用为基础,而是基于其能满足西方人自大心理的程度。① 正是这样一种"构建的"无知和有意的自欺,投射到了东方,使东方在西方人眼里永远是"难以理解的""充满异国

---

① [英]萨达尔.东方主义[M].马雪峰等译.吉林:吉林人民出版社,2005:6.

第二辑 性别与影像

情调的"和"色情的地域"。① 因此,伽里玛所爱恋的对象并非物理上的宋丽玲这个人,而是种种能够满足他自大心理的东方幻象。 宋不断演示"难以理解""充满异国情调""色情"的一切,不过是投其所好。 最终导致伽里玛毁灭的,正是他这种不断由宋配合构建而成的完美幻象的忽然毁灭。 这幻象原本是他一直用来确认和辨识自己西方身份的参照物,当有一天被告知这个参照物原来是假的、不存在的,那种身份认同危机爆发时产生的毁灭感,足以击垮任何脆弱的生命个体。

另一种研究,是关注《蝴蝶君》的创作策略和表演形式,将其作为超越和解构殖民话语的成功文本予以阐释。 其中有代表性的是借助后殖民主义理论家霍米·巴巴模拟、含混与杂糅的概念,分析黄哲伦是如何利用模拟、含混与杂糅的方法与策略,达到对《蝴蝶夫人》中殖民话语的超越。②

霍米·巴巴受拉康的"模拟"和德里达的"延异"这两个概念影响而提出的"模拟",是一种复杂、含混、矛盾的表现形式。 在模拟的过程中,模拟者一方面对被模拟者不断进行调整和重构,另一方面也不断借鉴、挪用后者的各种有益成分为己所用,这样就把原本的非此即彼的二元对立关系变成了可此可彼的关系,把原来的对立面结合起来,消除了二者之间的不可通约性。 具体到殖民话语的批判方式上,被殖民者可以不断地对殖民话语进行模拟,在模拟的过程中,不断地从内部改造它,在殖民意识中发现、撕开裂缝,打破二者之间非此即彼的东方与西方、

---

① [英]萨达尔.东方主义[M].马雪峰等译.吉林:吉林人民出版社,2005:3.
② 陆薇.模拟、含混与杂糅 —— 从《蝴蝶夫人》到《蝴蝶君》的后殖民解读[J].外国文学,2004(4).

自我与他者、中心与边缘、统治与被统治的二元对立局面，在其中制造含混与杂糅，生成第三个空间，以对抗本质主义的、整体性的西方文化霸权话语。需要强调的是，模拟不同于模仿，模仿是同源系统内的运作表现，而模拟的目的在于产生出某种和原体相似与不似之间的"他体"，这种"他体"结合了殖民话语与本土话语，是带有创造性的杂糅，对于文化殖民主义具有非常积极的解构意义。① 这一理论为文化艺术创作者提供了一种针对西方文化霸权的解构策略。它不是针锋相对正面对抗式的，而是用类似于"以其人之道还治其人之身"的方式，模拟殖民话语，然后在其内部引起含混与杂糅，从而消解殖民话语的权威。

《蝴蝶君》采用的正是这样一种手法。虽然故事类型上和《蝴蝶夫人》有相似之处，都是发生在东西方之间的爱情故事，但是，剧中的人物设置和结局与《蝴蝶夫人》完全不同，伽里玛并不是平克顿那样典型的代表白人男性霸权的人物，宋丽玲也并不是真正柔弱无助的蝴蝶夫人。就是这种既有挪用又有重构的"模拟"手法，使《蝴蝶君》产生了对殖民话语的颠覆效果。

与"模拟"手法有关，《蝴蝶君》采用"话剧"这样一种与"歌剧"截然不同的艺术呈现形式，也产生了另一种颠覆效果。萨义德曾经指出，西方高雅文化本质上始终如一地与帝国主义事业有着一种难分难离的关系，全面来说就是一种同谋关系。② 我们知道，歌剧是颇具仪式感的阳春白雪式的艺术形式，

---

① 陆薇. 模拟、含混与杂糅——从《蝴蝶夫人》到《蝴蝶君》的后殖民解读[J]. 外国文学,2004(4).

② Edward Said. Bill Ashcroft and Pal Ahluwalia[M]. New York:Loutledge,1999:28.

第二辑 性别与影像

其内容忠实于现实主义和现代主义,《蝴蝶君》不同,它是一出面对普通大众的通俗话剧,在内容上,叙事并不连贯,演员与角色也不再重叠为一体,不再有封闭完整的叙事结构和易于理解的故事情节和固定的性别、身份和人物之间的关系。 这些特点,也与具有解构色彩的、反本质主义的后殖民理论不谋而合。

三、性别身份:《蝴蝶君》文化阐释确立的基点

我个人认为,无论是剧情的展开,还是对此剧的文化阐释,其可行性和有效性,都离不开剧作对一个基本问题的设置,这就是——人物的性别身份。 情节的合理可信,文化阐释之所以可行有效,都依托于剧作者对性别身份的设置。 正是因为二人性别身份的特殊性,才会有从关系建立到局势扭转的张力十足的戏剧故事;在文化象征层面,二人性别关系所象征的东西方之间的文化权力关系从建立到转变的过程才有可能发生;在创作策略层面,那种通过"模拟"《蝴蝶夫人》而进行的对殖民话语的超越才得以完成。 下文将按上述顺序逐层地来进行剖析。

1. 剧中为二人设置的性别身份

本文所说的性别身份,不是一般意义上按照生理结构区分的男性或女性,而是结合性欲、性倾向、性别认同等对性别状态所做的更具体的描述和界定。 笔者认为,《蝴蝶君》中的伽里玛属于男性气

《蝴蝶君》电影版海报

质不足，性倾向比较模糊，存在一定程度的性别焦虑的男性。根据男性研究学者康奈尔对男性的气质分类法，可以归类于"从属性男性气质"。宋丽玲是有异装爱好的同性恋者，性征模糊，但性别认同良好。①

为何可以做此判断？首先来看伽里玛。全剧一开始，就有国立学校时期的伽里玛和同学马克的一段对话。②对于这个"马克"，我们可以看作伽里玛现实中的朋友，也可以看作他所希望拥有的理想自我，二人之间的对话也可视为以对话形式呈现的伽里玛的内心独白。

从二人对话可知，马克是一个欢场老手，这通常和性能力强联系在一起。伽里玛与此相反，是一个在性上非常被动、笨拙的男人。在这段对话之后间或还有一些细节可以证实对伽里玛的上述判断。例如，他人生中第一次异性性行为是和一个开放的西方女性以女上位的方式完成的，而且他并未从中获得多少快感。他的妻子是一个年纪比他大的、满脑子种族主义观念的白人女性，二人结婚多年没有生育。由此种种，可以看到，在外表上，

---

① 这样的性别身份设置有一定事实根据。伯纳德和时佩璞事件发生之后，就有很多人感到奇怪，怎么可能和一个人生活了 20 年之久却连对方的性别都没有弄清楚？除了文化上的原因，是否还有生理上的原因？一种猜测是两人在一起极少做爱，即便是做爱，也是在黑暗中进行，因为时佩璞告诉伯纳德，东方人就是如此行事而后者相信了"这是一种中国的风俗"（见《蝴蝶君》的作者后记）。另一种猜测是伯纳德本人有性功能障碍或是双性恋，而时佩璞可能是男性性征不明显的同性恋者，本身的生理结构特殊，阴部呈现女性特征。另外，作为男旦演员，他本来就熟悉女人的扮演技巧，加上中西方之间的文化差异，伯于是相信了时的女人身份。性别误识非同一般，不是仅用文化隔膜就可以解释。没有二人生理上的种种特殊之处，这种误识想必难以发生。

② ［美］黄哲伦. 蝴蝶君［M］. 张生译. 上海：上海译文出版社，2010：13-16.

第二辑　性别与影像

伽里玛相貌平平，在性能力上，他缺乏自信——有可能还存在某种缺陷或障碍。因此，他显然不属于男子气概充足的那种男人，至于他的性倾向，剧中虽然并未说明，但并不排除有同性恋或双性恋的可能。对于自己的这种状态，伽里玛显然是懊丧而焦虑的，否则马克不会像幽灵一样总是出现在他记忆里。因为，那才是他渴望成为的人，而他与这个人之间存在令人绝望的距离。

宋丽玲在伽里玛面前坦白男性身份

再来看剧中另一个关键人物宋丽玲。他在剧中被设置为有着异装爱好的同性恋者。尽管在他与伽里玛初次相识时就可作此猜测，但对他真实身份做出交代，却是在剧情发展近一半的时候。当时，他与中方间谍部门派来的女性干部秦有这样一段对话：

秦：不要忘记，中国没有同性恋。
宋：是，我听见了。
秦：只是确认一下。
宋：在现代中国，这样的人（指秦）就被看成是女人。

这段对话在剧中至少起到两方面作用：一是正式公布了宋丽玲的性取向以及当时中国对同性恋的态度；二是表现了宋对秦这

样一位缺乏女性气质的社会主义时期女性干部的不屑。这种不屑侧面证明了他对女性应有的气质的认识和追求，以及他喜欢做女性装扮的来由。而他之所以能装扮得像女性，除了有伽里玛一方认知上的原因，还在于他有装扮女性的先天条件和后天努力。比如，他是一个熟谙"女性"表演之道的京剧旦角演员，舞台经验是他得以装扮女性的基础。另外，为了强化伽里玛对"她"的女性印象，他还不断学习和模仿当时西方男性眼中标准的东方女性形象。像在舞台剧和电影《蝴蝶君》中都有这样一个细节：宋丽玲家摆放着几本黄柳霜做封面的西方杂志——黄柳霜在当时就代表着西方男人眼中标准的东方美女形象。尽管长于模仿女性，但是，对宋丽玲而言，异装只是他的爱好，并不意味着他想成为真正的女性。他对自己生理性别并没有抵触，对于自己的同性恋倾向也没有感到自卑。相反，从全剧最后他改成男装，并在昔日恋人面前渴望以真实同性恋身份得到对方承认的情节来看，他其实渴望能以真实的男同性恋身份生存于世。

如果上述对伽里玛和宋丽玲二人的性别身份的判断无误的话，那么接下来就需要分析他们从自身性别身份出发而衍生出的需求是什么，他们和对方建立的关系形态和权力格局是怎样的，以及这种关系形态和权力格局又是如何随情节的发展而发生微妙变化的。

如上文所述，伽里玛存在性别焦虑，即对自己并不够充足、标准、规范的男子气质的焦虑。但他的这个心理症状只有自己知道，不会被外人指认出来。他的需求主要是一种内在的认同需求，即建立性别自信，从而由内而外重建男子气质。宋丽玲与此相反，他的性别认同良好，自始至终看不到他为自己的性取向苦恼。他的困扰主要是来自外部的，即他的同性恋倾向也好，异装

第二辑 性别与影像

癖也好，缺乏外在的文化和社会承认。所以，对他来说，间谍工作既是被动承担也有主动接受的成分——因为他可以借机满足自己隐秘的同性欲望。他在这份工作中的体验也是矛盾的，既有享受的成分也有压抑的成分，毕竟他无法真正以社会所接受的同性恋者身份获取"合法的"愉悦。虽然到了剧末，似乎以他重新恢复男装打扮来表现他至少实现了在爱人面前全面"出柜"，但是回国之后他的境遇会如何呢？

性别身份各有其特殊性的二人就此相遇了。其中一个是"性别焦虑——内在认同需求"，另外一个是"性别压抑——外在认同需求"。在这样的基础之上，再加上间谍工作的促使，二人之间就建立了由生理基础和社会外力双重动因驱使的关系。这种关系一旦建立，双方也会在方向主导力上呈现一方强一方弱的状态，即所谓的"性别权力关系"。那么，伽里玛和宋丽玲所建立的是一种怎样的性别权力关系呢？

首先，这种性别权力关系的双方是相伴相生的。一方面，伽里玛的性别焦虑需要"宋丽玲"式的区别于他妻子的、完全顺从的女性来缓解。也就是说，这种从属型的男性气质需要通过让男性一方获得权力上的操控感才得以修复。就像剧本里提到的，伽里玛在叔叔房间里生平第一次看到色情杂志上裸女的时候，他身体的哆嗦。要注意的是，这里的哆嗦，正如台词所说的，并不是因为"性欲"，而是因为"权力"。因为此刻出现在色情杂志上的裸女完全处于一种被注视和被观看的位置。这个位置赋予了观看者当然的权力——拥有者的感觉。必须依靠想象中的权力关系，伽里玛的男子气概才得以生成，欲望才有了明确的指向对象，但这欲望并不是对某一个具体异性的欲望，而是成为理想男性自我的欲望。

宋丽玲投其所好地扮演了这样一个角色。他在大使馆演唱《蝴蝶夫人》唱段的时候，就已经进入伽里玛的想象世界，幻化成了中国的巧巧桑。对《蝴蝶夫人》中的平克顿，也就是马克式标准男子的向往，使伽里玛不由自主地跟随宋丽玲而去。他希望证实宋就是他所愿望的"蝴蝶"。宋丽玲则巧妙设局，时而故意挑衅，时而营造东方情调，其目的就在于让伽里玛相信自己已成为这组关系中的权力掌握者。当然，对宋丽玲本人而言，他也需要伽里玛这样一个角色帮助他从压抑生活中获得些许存在的价值。

其次，这种性别权力关系是变化着并呈现出双层结构的。在表层，伽里玛是主导方，宋丽玲是被动方，即伽里玛／宋丽玲对应主／奴、征服／被征服的关系。很显然这层关系具有虚假性，因为这实际上是中方间谍机构苦心营造出的假象。这也是后来其实伽里玛已对宋丽玲有所怀疑也不愿去探知真相的原因：他如何可能愿意失去好不容易找到的自信？"我没有脱掉她的衣服，难道是因为在内心深处的某个地方，我知道我会发现什么吗？"他已深深迷恋这种感觉和依赖这重关系，"但愿长醉不愿醒"。在深层，双方权力关系是倒置的，主导权是掌握在宋一方的。当然这个倒置是随着性别关系的建立和变化而逐渐发生的：一开始二人权力关系还并不明显。在有了间谍任务之后，宋丽玲就必须学会了解和掌握伽里玛的所思所想，以让伽里玛深信自己已掌握操控权。然而让一个人产生自己已拥有绝对权力的幻觉并不是一件容易的事。这就必须要有一场游戏。这场游戏以伽里玛故意冷落宋丽玲八个星期开始，以宋丽玲最后的屈服

第二辑 性别与影像

结束。

剧本的精妙之处就在于，宋丽玲宣布屈服与伽里玛性别焦虑症消除是同时发生的——伽里玛以征服者的姿态闯入宋丽玲的房间问他，是不是他的"蝴蝶"。这句话是在问对方，更是在确认自己：我是不是平克顿？是不是马克？是不是拥有绝对权力的西方殖民者？在得到宋的肯定回答之后，他的自信神奇地得到建立，职场地位也得到改变，被提升成为副领事，尽管上司图伦说"我不知道这是怎么发生的"，但观众心知肚明。因为伽里玛拥有了"蝴蝶"，"蝴蝶"使他变得自信了。此剧的精彩之处还在于，伽里玛以为自己已成为权力控制者的同时，正是他成为实际上的被控制者的开始。成功的虚假性和挫败的真实性，毫不矛盾地统一于他身上。直到后面，他开始为宋输送情报，证明了二人权力关系在实质层面彻底颠倒。回到性别身份层面的分析，那么，在这个过程之中，二人的状态分别是：在伽里玛一方，是有"内在认同需求"的"性别焦虑"，在虚假的表层结构获得了"性别自信"，在宋丽玲一方，是有"外在认同需求"的"性别压抑"，在真实的内层结构里获得了"性别彰显"。

2. 性别身份的文化意涵

首先，将二人的性别权力关系比喻为东西方文化权力关系，并非文化阐释学者的创造，而是深嵌在黄哲伦本人的创作意图之中。我们可以看法庭上宋丽玲的台词：

"西方认为自己是男性的——粗重的枪械、巨大的工业、雄厚的资金；而东方是女性的——柔弱、精致、贫穷……但却擅长艺术，充满了不可思议的智慧——女性的神秘。他嘴上说

183

不，眼睛却在说是。 西方人相信东方人从骨子里希望被支配——因为一个女人自己不会思考。"

"你们希望东方国家屈从于你们的枪炮，你们也希望东方女人服从你们的男人，所以你们说她们是最好的妻子。"

当法官问道，他如何可能悖逆常情地长年欺骗伽里玛先生时，宋回答：第一，因为当他最后遇见了他的理想女人时，他会千方百计地相信他实际上就是一个女人。 第二，我是一个东方人。 作为一个东方人，我完全不可能是一个男人。①

这些台词很清晰地表现了黄哲伦本身在设计两个性别角色时已赋予了他们文化象征意义，这段对话反映的也是他对西方长期存在的对东方的文化误识及其背后权力关系的批评与反思。 有了这样一个依据之后，便可以更为确定地认为，性别身份的设置是东方主义批判和殖民话语超越得以成立的基础。

那么，东方主义批判和殖民话语超越是如何随着与性别身份有关的性别权力关系的发展变化而展开的？ 我们仅以全剧开场不久的这段最为经典的对话为例：

两人初次相识

伽：我常以为歌剧演员都是肥胖的妇人，身材很糟糕。

---

① [美]黄哲伦.蝴蝶君[M].张生译.上海：上海译文出版社,2010:129.

第二辑 性别与影像

宋:对于西方人来说,身材糟糕并不独特。

伽:我从未见过像你这样令人信服的表演。

宋:令人信服?把我当作一个日本女人?你可知道,"二战"中,日本人用成千上万的中国人来做医学实验?不过,我推想,这样一个讽刺对你是不起作用的。

伽:不,我的意思是说,你使我看到了故事的美。她的死是完美的牺牲,他并不值得她那么做;但她能做什么呢?她非常爱他。非常美。

宋:啊,是的!对于一个西方人来说。

伽:对不起,我没有听清。

宋:那是你的幻想而已。温顺的东方女子,残酷的白人男子。

伽:我不这样认为。

宋:试想一下,如果一个金发碧眼白皮肤的拉拉队队长爱上了一个矮小的日本商人,你会说什么。他娶了她,然后就回家了,待了三年,在这期间,她天天对着他的相片祈祷,并且拒绝了一个年轻的肯尼迪的求婚。当她相信她的丈夫再婚后,她自杀了。现在,我相信你会认为这个女孩肯定是一个神经错乱的白痴,对不对?但是,当一个东方女子为西方人自杀的时候,你却发现这很美。①

在这段张力十足的对话里,伽里玛显然是以一个东方主义者的角度来看待《蝴蝶夫人》的,而作为东方代表的宋丽玲则毫不客气地对他进行了辛辣嘲讽。抛开对话的内容来看此刻二人的性别身份,正如上文所分析的,伽里玛处于性别焦虑伴随文化焦

---

① [英]萨达尔.东方主义[M].马雪峰等译.吉林:吉林人民出版社,2005:4–5.

虑的双重内部紧张状态之中——他对这块要开展工作的土地其实一无所知。这很像后殖民时代失落的东方主义者，他们赖以建立权力感的殖民关系在60年代的中国已经不具备，他们需要在这块土地上重新寻觅能让他们重建信心的一切。《蝴蝶夫人》的演出适时出现，引发了他的殖民记忆和东方幻象。宋丽玲此刻以女人外表的男同性恋者身份出现，在《蝴蝶夫人》的表演中，借助"巧巧桑"的角色在伽里玛面前展示出一个符合后者趣味的"东方"。之后的京剧《霸王别姬》的表演、幽闭的四合院、羞愧而无条件爱他的眼神、孤注一掷地捍卫不裸露身体的"传统"，等等。都不过是在投其所好地强化东方主义者对东方的偏差认识。

这就是萨达尔所说的典型的"东方主义综合征"。这一症状的病理学基础就在于西方男子对东方的神秘感和性事的个人要求，以及在政治和经济方面教导和控制东方的集体目标。[①] 人们很容易对伯纳德/伽里玛报以嗤笑——连对方是男是女都没弄清楚，简直无知到难以理解。但这样的无知，从病理学角度很好理解——无知源于自大，在自大的伽里玛眼中，宋平板的身材，做爱时永不脱衣的习惯都显得可爱无比，这样的一个"年轻女孩"般的身体，也正好满足了他的恋童癖以及教导并控制东方的欲望——哦，她有孩子般的可爱，正等待我去爱她、塑造她、遏制她、管理她以及消灭她。她不可能独立思考，除非我去教她。正如最后宋问他，"如此了解我的你为何会犯这样的错误？"伽

[①] [美]萨达尔. 东方主义[M]. 马雪峰等译. 吉林: 吉林人民出版社, 2005: 2.

里玛回答,"你把真实的自己展示给了我。我之所爱只是一种假象,可爱的假象。"被强烈的"可爱的假象"之爱支撑着的伽里玛,不可能产生探索真相的念头。

接下来二人性别权力关系的建立,所对应的也是东方主义者与他无意探索真相的东方他者之间的权力关系的建立。之后,伽里玛从性别焦虑到性别自信的过程,对应着东方主义者从符合他想象的他者那里建立自信的过程,当然,这一切都是虚幻的。因为东方主义幻象所派生的假想知识,并不以精确性和效用为基础,而是基于其能满足西方人自大心理的程度。一旦心理满足,便以为权力已经建立。而这样并不尊重他人的历史性和丰富性的东方主义如果深陷于自身幻想之中,最后是要面临落败的结局。到了最后,真相揭晓,支撑着伽里玛虚假自我的那些依据一下被抽空了,他只有走向崩溃边缘。全剧对东方主义的批评也以作为东方主义代表的伽里玛的自杀来画上句号。有意味的是,代表东方他者的宋丽玲,也谈不上获得了胜利,他的善于伪装、冷酷,也并不足以支撑起一个健全的自我。这也是黄哲伦被批评的地方,因为宋丽玲这个形象,恰好符合了西方人眼中对东方人的刻板印象。

至此,以性别身份为基点出发的东方主义批判得以完成:在伽里玛一方,经历了"性别焦虑 — 性别确认"的过程,这个过程既是他获得假想中的"男性气质"的过程,也是东方主义逐渐暴露缺陷的过程。在宋丽玲一方,他不断利用机会争取同性恋者身份的显现,从最初的具有表演性的妆扮,到最后以男装出现完整展现自己的男同性恋者的身份,这是一个由"性别压抑—性别彰显"的过程,也是以他者身份辅助东方主义批判完成的过程。

再来看性别身份的设置与对殖民话语超越的关系。如上文所说，这种超越是借助"模拟"的策略来实现的。即对《蝴蝶夫人》既有挪用又有重构，在故事结构上和《蝴蝶夫人》类似，都是发生在东西方之间的爱情故事，但剧中人物设置和结局与《蝴蝶夫人》又完全不同。本文试图更深入地，在性别身份和性别关系的层面进一步完善这个有关"超越"的逻辑。

自从萨义德有关帝国权力话语建构的开创性论著《东方学》问世以来，很多学者受其启发去探索殖民话语的性别含义。因为殖民话语习惯于将东方情欲化、客体化为女性，将被殖民的男人（在与殖民者男人的关系中）予以女性化，然后借助两性地位不对等的现实，合理化殖民国与被殖民国之间的权力关系。《蝴蝶夫人》就是一个典型的例子。因为《蝴蝶夫人》的故事是发生在19世纪后半期美国在亚洲殖民扩张期间，在这个巧巧桑为平克顿等待和牺牲的故事里，我们可以看到西方殖民话语是如何通过将被殖民地女性化、脆弱化和无能化的方式建立起来的。因此在这个故事里，两个主角中，一方的平克顿的性别身份是典型的男性气质充沛的霸权型男性，而另一方的巧巧桑则是典型的符合男性需求的服从型女性。双方关系明显的不对等，性别权力关系简单、清晰，在故事发展过程中性别关系的形态基本保持不变，并且呈一个直线的走向。最后，平克顿抛弃巧巧桑，后者自杀，以征服和炫耀权力为目的的殖民话语得以完成。需要指出的是，与《蝴蝶夫人》相似的作品很多，这类作品作为西方殖民主义意识形态的话语工具，在性别关系模式的设计上都具有一致性，最有代表性和相似性的如讲述《越南蝴蝶》故事的《西贡小姐》。

那么，再对照来看《蝴蝶君》。《蝴蝶君》中人物的性别身

第二辑 性别与影像

份发生了颠覆性的变动,代表西方的伽里玛并不是平克顿那样的霸权型男性,而是一个有性别焦虑的男性气质缺乏的人,代表东方的宋丽玲也并不是真正柔弱无助的服从型女性,而是一个有异装癖好的同性恋者,并且他似乎还具有一定的能动性。在接下来的故事里,区别于《蝴蝶夫人》中作为殖民代表的平克顿与作为被殖民者代表的巧巧桑之间固定不变、走向单一的性别关系,《蝴蝶君》里双方的性别权力关系充满了变动的可能性和无限张力,并且,还呈现为外与内、虚与实双层结构。于是,原来作为殖民话语建构之内核的权力结构的缺口悄悄被打开,权力的指针在二人的性别关系之间悄然滑动,东方他者得以瞒天过海满足私愿,怀抱殖民梦想的西方男人则遭遇命运的捉弄,黄粱梦醒。《蝴蝶夫人》中的平克顿/巧巧桑、主/奴、征服者/被征服者的界限在《蝴蝶君》的故事里被打破,与这种性别权力关系具有同构性的殖民霸权话语也由此受到冲击并瓦解,后殖民话语的超越得以完成。正如上文所说的"模拟"策略所带来的效果:"撕开裂缝,打破二者之间非此即彼的东方与西方、自我与他者、中心与边缘、统治与被统治的二元对立局面,在其中制造含混与杂糅,生成第三个空间,以对抗本质主义的、整体性的西方文化霸权话语"。换言之,假如不对性别身份、性别关系进行分析,《蝴蝶君》在"创作策略上实现了对殖民话语的超越和颠覆"这个结论是难以成立的。假如没有对伽里玛和宋丽玲设计如此特殊的性别身份,就没有后面的性别权力关系的变化,而所谓通过模拟带来的"含混"与"杂糅"也就无从发生,殖民话语的权威也就无从得到"消解"。

四、延伸的探讨：剧作的意义

1. 互为镜像，反思自身

萨义德在《东方学》里，把东方主义视为一种根据东方在欧洲西方经验中的位置而处理、协调东方的方式，在这种方式中，东方成为欧洲物质文明和文化的内在组成部分，是欧洲自我得以建立的他者。对于欧洲而言，东方既不是欧洲的纯粹虚构或奇想，也不是一种自然的存在，而是一种被人为创造出来的理论和实践体系，蕴含着漫长历史积累下来的物质层面的内容。萨义德认为，东方主义属于西方建构的产物，建构的目的在于为东、西方建立一个明显的分野，从而突出西方文化的优越性；他认为，这种建构及论述，与那些国家的真实面貌几乎毫无关系。即使西方人要重新认识东方，他们也大都跳不出这种论述的框框。

不只是西方要认识东方非常艰难，即便如黄哲伦这样的华裔，也不见得在隔着一层（代表中国文化的）语言的情况下，能对东方有清晰而准确的认识。在《蝴蝶君》这个作品中，可以看到，黄哲伦对西方以及西方关于东方的误识是熟悉的，剧本中给伽里玛的篇幅也较多。对于作为重要背景的60年代的中国，他的描述是隔膜的、符号化的。中国的社会背景和宋丽玲这个人，在他的作品中更多只是起着凸显伽里玛这一东方主义代表的工具性作用，但是，对"工具"本身的认识上的缺憾，也会累及对伽里玛这一东方主义者形象的呈现，人物形象显得有些薄弱也在所难免。这大概也是三不ABC的局限吧。

第二辑 性别与影像

西方需要反思自身，东方也不例外。比如，剧中虽然东方是基于西方自我认同的需要而建构起来的，里面充满了不符合实际的、甚至是歪曲的理解。但是，宋丽玲与其他中国形象的代表，却从另一个层面意外地印证了东方主义的某些"曲解"并非毫无根据：宋与其同伙为达到目的，可以冷酷无情地欺骗和利用伽里玛。这个过程中的宋丽玲，是阴暗、压抑的。东方主义的想象误打误撞，击中了东方中的确是不甚可爱的阴暗一面。那么，在批评东方主义的同时，以东方主义的想象为参照来反躬自问，或许也是一种对待东方主义的理性态度。

2. 冲破隔阂，寻求对话

《蝴蝶君》夹杂了政治和意识形态因素，让东西方政治在一场虚饰的爱情下交锋。它试图提醒以西方为代表的政治、经济、文化上的强势者：操控他者会转变为一场危险游戏和权力博弈，因为他者也可巧妙利用与主体的相互依赖关系，来一次巴特式的"逆转"。臆断他者的依附性，忽视他者自身主动的模拟性，将他者静止化、本质化，带来的将会是伽里玛式的悲剧。因此，在国际关系的处理上，西方国家应超越定势，从操控他者转向对话协商。

事实上，黄哲伦在《蝴蝶君》的后记里，就坦言他写作此剧更深的用意，是希望建立一种交流和对话，"《蝴蝶君》有时被认为是一个反美国的戏剧，一种反对西方对东方，男人对女人的陈词滥调的谩骂。恰恰相反，我把它看成是对各方的一个诉求，希望它能穿透我们各自层层累积的文化和性的误识，为了我们相互的利益，从我们作为人的共同的和平等的立场出发，来相互真诚地面对对方。"①应当说，黄哲伦的这一诉求立意深远，体现了一种更开阔、更包容的文化视角，从而也体现了一种更有深度的人文关怀。

（《南大戏剧论丛》2015 年第 6 期）

---

① D. H. Hwang, Afterword, M. Butterfly, Plum, 1989, p. 100.

第三辑 性别与书写

独对春光抱闷思，
夕阳芳草断肠时。
愁城十丈坚难破，
清酒三杯醉不辞。

——秋瑾《独对次清明韵》

……

如果给你寄一本书
我不会寄给你诗歌
我要给你一本关于植物
关于庄稼的
告诉你稻子和稗子的区别
告诉你一棵稗子提心吊胆的
春天

——余秀华《我爱你》

第三辑 性别与书写

|《奥兰多》:给女友的情书

写完《到灯塔去》,伍尔芙已心力交瘁。她最亲密的女友此时又离家出走。思念至极,她提起笔,写就一封被誉为世界文学史上"最长、最动人的情书"——小说《奥兰多》。

奥兰多是生活在 400 年前的一个贵族少年。他天真俊美,受女王宠爱获赐不老生命。在经历死亡的震撼、情人的戏弄以及政治阴谋之后,他开始沉睡不醒。当他/她再度睁开眼睛,已变成沙龙里的美

《奥兰多》(伍尔芙著)

妇。变成女性后的奥兰多来到维多利亚时代。这个时代,女人依然被认为是不适合思考和写作的,但她并不曾放弃对诗歌的热爱。来到 19 世纪,她终于找到自己的爱侣,一个浪漫自由的骑士,并有了自己的孩子。之后,她一个人带着孩子,穿过战争的硝烟,来到 20 世纪,凭写作成名。

今天流行的所谓"穿越",是伍尔芙在 20 世纪 20 年代就付诸笔端的实践。只是这主人公奥兰多,穿越的不只是时空,还有性别。400 年光阴似水,他/她却由男而女,容颜永驻。

这是伍尔芙对同性爱人的深情告白,我是女也是男,在爱与

美的世界，男女的区别并无意义。我爱你，思念你，这才是永恒的道理。

这是女性的精神成长史，是女性寻求独立与解放的心路历程。女性的自我完善，终究不能仰赖另一个性别的赐予。她与自己相爱相守，不断与自己对话，她破茧而出，自由自在。

这也是伍尔芙的自我投射与证成：她一生经历两次世界大战，亲人的相继离世给她的精神造成巨大打击。她游离在性别的定义之外，爱她所爱。她进入文学，这个男人把持的世界。她为女性的经验正名。当女性握住了笔，有一个属于自己的房间，世界才有了另一个性别的声音，自由一词才有了完整的含义。她在文学艺术史上留名，如奥兰多一样获得永生。

一生在为女性指明自由灯塔方向的伍尔芙，1941年就去世了。在预感到新一轮精神问题即将到来之际，她选择了主动与世界告别。受英国自由女性主义思想影响的一代女性，在伦敦、在巴黎、在纽约、在世界各地渐渐成长。

这里面，有将《奥兰多》拍成电影的英国导演萨莉·波特，她一直致力于从女性主义视角拍片，兴趣和作品跨越多个艺术领域。电影里饰演奥兰多的英国女演员蒂尔达·斯温顿，出生贵族家庭，身高180厘米，拥有剑桥大学的两个博士学位。在她的身上，有一种超越性别界限的美，既强大、骄傲、冷峻，又清秀、忧郁、脆弱。没有谁比她更适合扮演精灵一样的奥兰多了。忍不住八卦一下，据说，她育有一对双胞胎，并和比她大20岁的前任丈夫、小18岁的男友共同生活在一起。

第三辑 性别与书写

|《春尽江南》:男性作家的性别盲区

《春尽江南》被认为书写了"当代中国知识分子的精神困境"。

精神困境的时间起点,定在20世纪80年代末。从80年代末开始,整个社会的风气急转而下,从原来充满理想主义色彩,关注公共领域,转变为物质至上追求私利。诗人,曾经的精神偶像,因为支撑其光芒形象的舞台的坍塌,也必须在改弦易辙的社会中重新为自己定位。

谭端午就是其中的一位。在经历了20世纪80年代的诗人盛世之后,他终于在滚滚而来的经济浪潮中被迫面对何去何从的问题。和他的两位诗人朋友一人从商一人为官不同,他的选择是,退出竞争、远离喧嚣、冷眼旁观、消极避世。这或许是嘈杂乱世中一个知识分子保全自己的合理方式。但是,即便他能清醒自保,也无法阻止身边的爱人和朋友,在时代强力的挟持之下,日益偏离正常的轨道,变成一个又一个"非人"。

投身商海树敌太多的守仁,最终惨死在仇家刀下。终于混到出版社社长位置的吉士,整日在官场逢场作戏,声色犬马。至此,知识分子的命运在格非笔下定格成了以端午和他的朋友为代表的三种类型:经商、为官、从文。前面两种选择看似态度积极,入世随俗,事实上始终被不可知的力量操控,或沦为金钱的奴隶,或做了权势的玩偶。而后者,看起来清静自由,全身而退,却是以行动上的犬儒和精神上的压抑为代价的。

既然是以男性知识分子为主的小说,其中必然少不了女性角色。 一如许多男作家的创作模式,格非笔下的女性,也大多数是作为男主人公的附属角色出现。 而且,这些女性往往被作者刻意赋予某种性别弱点,让她们作为令人惋惜和哀叹的人物出现在故事中。

端午的妻子庞家玉,工科出身,和端午相遇于 20 世纪 80 年代。 或者是诗人的光环,也或者是小说里多次提到的"宿命",让她奋不顾身地奔向了端午。 但是,很快,诗人头顶的光环被新时代的车轮碾压崩溃,软弱消极的端午成为个性要强的庞家玉眼中彻底无用的、在一点点烂掉的人。 而她自己,则拼尽全力追赶时代的步伐,唯恐落于人后,终于,她如愿以偿,赚了很多钱,买了很好的房子,让儿子读上了好学校。 如愿以偿的背后,是她人格的分裂和健康状况的恶化。 这是一个主动献祭于时代的悲剧形象,最后作者为她安排癌症病逝的结局,更是将这个人物的命运悲剧推向了极致。 另外一个女性角色绿珠,年轻漂亮,浪漫随性,能敏锐地感知时代的荒谬和人性的黑暗。 她患上了严重的抑郁症。 除此之外,小说中还有许多无名的女性角色,比如色情场所中的女孩们,她们无一例外,都是这个社会阴暗一面的注脚。

这是男作家们叙事的习惯 —— 让男性知识分子作为社会使命的背负者和时代精神的塑造者,让女性作为悲剧的承担者和美与善的代言人,同样是困境,同样是苦难,男性却在困境的性质上和苦难的深刻程度上高出女性。 男性是诗人,是智识上的优越者,是冷静的睿智的旁观者,女性是盲目的追随者,是不善于复杂思考的空想社会主义者,是时代暴力的必然承受者。 格非在情节上做这种安排,并非是对女性的有意曲解,现实之中,符合他的描述的女性并不少见。而且，以格非的男性作家身份，做出这样的情节安排也再合理不过，要他化身女性，以女性视角来介入时代主题，也强人所难。

不过，正是这种在优秀男性作家的作品里都不可避免的、将女性模式化的处理方式提醒了我们，男性作家可能存在一种叙事盲区。比如，在这个变幻莫测、旋律诡谲的时代中，女性知识分子是和男性知识分子同时在场的一群人，除了庞家玉、绿珠这样的时代"献祭者"和"受害者"，女性中也有一群人肩负着与男性知识分子一样的使命，她们冷静理性地观察着时代，从历史经验和现代价值中探求未来的去路。身为女性，她们还经历着男性所不曾经历的，来自历史幽暗深处的对女性的打压和撕扯。她们比男性知识分子更明白暴力和非正义为何物，在时代的巨轮之下，还有无数个细密的齿轮，在私人生活、亲密关系中维持着暴力和非正义的循环。假如有作家以女性知识分子视角来书写时代，应该会有不同于《春尽江南》的笔调和故事。

时代镜像中的性别之思

| 《英国情人》：两种自由的身体对话

《英国情人》的故事发生在抗战爆发前的中国。英国诗人朱利安·贝尔应邀到青岛大学任教。在这里，他遇到了浪漫多情的中国女诗人——闵，并与已婚的闵发生了一段刻骨铭心的不伦之恋。几经周折之后，贝尔放弃了闵，离开了中国，前往西班牙参战并最终死在那里，闵则在贝尔离开后自杀。表面上看，这是一个俗套的爱情桥段：一个西方浪子和他的中国情人，最终以死亡证明了他们对彼此的爱恨。

但是故事显然没有这么简单。贝尔和闵都实有其人。贝尔是英国女画家文萨·贝尔之子、著名女作家伍尔芙的外甥，也是英国著名的文化圈子——布鲁姆斯伯里的核心成员。这个圈子里的另一位重要成员、经济学家凯恩斯曾在他的《精英的聚会》一书中写道："朱利安·休厄德·贝尔生于1908年，是克莱夫和文萨·贝尔的儿子，莱斯利·斯蒂芬的孙子（在1935年受任武汉大学英文教授之后）他于1937年焦急地返回了家……作为一名卡车司机加入

1938年出版的《朱利安·贝尔：散文、诗歌、书信》，昆汀·贝尔编撰

第三辑 性别与书写

了在西班牙的英国医药联合会。1937年7月18日,当他在布鲁内特前线驾驶他的救护车时,被来自一架叛乱飞机的炸弹炸死。现被葬于离马德里北部约两英里的丰拉卡尔公墓。"

贝尔在武汉大学任教期间,和英语系系主任夫人凌叔华(书中的"闵")发生了恋情。早在1938年英国的Hogarth出版社出版的《朱利安·贝尔:散文、诗歌、书信》(*JulianBell: Essays, Poems and Letters*)中,就有他自述的与系主任夫人——他称之为"K"的婚外情。

因自传体小说《饥饿的女儿》饮誉海外的女作家虹影在这段记录的基础上进行文学创作,写成了小说《K》。凌叔华的女儿不满书中大量的性描写,认为有辱母亲名誉,曾与虹影有过三年的官司。虹影最后败诉,《K》被禁止在中国大陆出版,《英国情人》是对原著进行修改后面世的。

虹影

因为有真人真事为依据,更因为布鲁姆斯伯里是太有名的英国自由派文化圈,闵也是中国著名的新月派诗人群体的代表人物——她和著名诗人"卞""徐"及泰戈尔都有不浅的交情,所以,若从当时中国自由派文人与英国自由主义传统的关系角度去读解这个故事,读出来的就不仅是爱欲情色,而是东西文化以及两种表征的自由主义之间的碰撞与牵缠。

这样的往来纠缠，起始于当时中国知识精英的强国梦，梦中包括希望西方的自由理念能成为一剂治疗种种社会顽疾的药。对自由的追求开始在文化圈里流行：恋爱自由、婚姻自由……处处体现着解放性灵的渴望。 但是，古中国的印记并非沐浴了一番西方雨露就能轻易褪去，在传统与现代价值观之间苦苦挣扎和求索是此时文人精神生活中的常态。 就像闵，这一个接受过西式教育的东方女子，却出生在一个一夫多妻的封建家庭；她不顾已婚的身份与贝尔尽情相爱，最终渴望的，还是与贝尔长相厮守缔结稳定家庭。 但贝尔是生在一个自由高于一切的家庭，在这个圈子里，婚姻与性爱并不冲突，分享和趣味才是最要紧的。

在这场以肉体狂欢的形式进行的观念交锋里，当时中国文人与英国文化圈子之间千丝万缕的联系也渐渐浮现。 谈到"徐"，从贝尔口中可知，在西方，他不过是被称为"三等雪莱的货色"，出国游学，不过是忙于社交，靠着伍尔芙颇看不上的曼殊菲尔二十分钟的接见，便有了在国内卖弄炫耀的资本。 就算泰戈尔，也被认为缺乏"智性的张力"。 这对情人又宛如东西方两个符号，闵仿佛中国、阴性、身世复杂，虽经现代文明沐浴，却痴迷各种道家"房中术"，贝尔则像那个对神秘东方充满新鲜欲望的西方。 两种文化相互张望、打量、试探、交合，因差异而吸引，也因差异而永远隔阂。 这样的两个人，这样的两种在渊源上相关，在走向上相异的自由意识碰撞在一起，会生出怎样的结果？

最终的结果是讽刺和悲剧的。 闵的丈夫以西方绅士的方式处理她的出轨，她也孤注一掷要随贝尔而去。 贝尔呢？ 他爱的是既熟知英文也精通古老中国秘辛的闵，但他只愿在闵那里享受自由的情爱，无法给予闵想要的承诺。 这是必然会发生的文化矛盾：中国式的自由仍然带着传统的烙印，无法与崇尚个体解放的自由意识彻底兼容。最终，两种文化仍然不能融合。尽管贝尔爱闵，临死前想念的也是闵，他也始终无法站在闵的文化背景下对闵报以充满理解的爱。这样的误解和玩笑，也处处存在。当他抱着对共产主义的同情，带着单纯的革命理想参加中国革命，却发现革命的双方似乎都在无理由的杀戮，这让他开始怀疑：即使真要革命，又有什么必要这么血腥？有什么必要靠加深仇恨推进革命？西方"左倾自由主义者"与中国革命现实遭遇之后产生了巨大的荒诞感。

在英国生活多年的虹影，更是熟知当年布鲁姆斯伯里文化圈与五四知识分子的这段渊源。最早接触这个圈子的中国诗人徐志摩，回国之后便和友人创立了"新月社"。同样是以文会友，同样是试图超越政治。在完全不同的社会和政治局势下，地球两端出现了组成方式和审美立场都非常相似的两个团体。而让布鲁姆斯伯里与中国发生更进一步关联的，则是贝尔与凌叔华的这段恋情。虹影在《英国情人》中，以性爱写文化碰撞，以情感故事写中国向现代迈进时的求索与困境，给民国文人画像，对革命以冷峻的反思。这是对一段尘封的异国恋情的重新书写，也是视野开阔笔法独特的女作家对一段历史的激情回望。

时代镜像中的性别之思

|《摇摇晃晃的人间》：地里长出一个余秀华

诗人余秀华

有次去旁听一个文化形象展示大赛。这个听起来有些不明所以的比赛，其实就是比谁的创意能更好地反映当地的文化特色。现场有唱歌的，跳舞的，接近尾声，一个和路人甲一样过目即忘的小个子男人上了台。他自我介绍是一名出租车司机，平时喜欢写诗，已经出版了两本诗集。接着，他就语调平淡地开始念自己的诗。忘了那次他是不是第一名了，却始终记得，当他说喜欢写诗时，台下那麦浪般起伏的惊叹声。以后，每次出门打车，都怀疑开车的司机也会是一名诗人。

诗人司机。当诗人成为前缀，诗人就已经被奇观化了。就像那些惊叹声，不全是赞美，还有预设的身份界限被打破时的震惊：诗人是需仰视的远去的偶像，出租司机沉默地流动在底层。在崇尚实用的人眼里，底层的司机是正常的，高处的诗人是游荡在日常世界之外的，和正常人不在一个频道。所以，那惊叹声里还有一丝尴尬——如何评价一个正常的"疯子"？

将诗人类比为精神异常的"疯子"，不完全是因为一些诗人

第三辑 性别与书写

身上发生过所谓的偏离常规的事,还可能是因为人们对自己身上也存在的不容于规范社会的那一部分自我心怀恐惧。 但"规范""主流"这种东西太像权力的变种,在不希望人的精神世界太过活跃的时代,动物世界的生存法则就是人类社会的普适规范,对诗性也是人性的部分进行自我阉割则成了跻身"规范"的必经程序。 这是更高明省力的人脑微控技术。 诗是过时的文体,诗人是需要与之划清界限的人种,诗与诗人的黄金时代成为一个可笑的传说。 也有诗人与诗在网络世界里成为话题,但人们的注意力仍然流连在诗外。

2015年,一位诗人"忽然"在网络上蹿红。 她的诗像病毒一样在互联网上急速传播。 这个过程有些神奇,有些不真实,像幻觉、泡影,让人"担心"。

一定有身份的因素在里面。 脑瘫、农民、女性,各种弱者标签集于一身的诗人,必然会成为一部分人猎奇的对象。 那些张大的嘴里差点叫出来的是:一个……的人,竟然能/会写诗! 和听到出租车司机写诗时一样的兴奋、惊奇和尴尬。 古怪身体、暴躁个性、农民身份与敏感疯狂的文艺诗句之间形成的强烈反差,足够制造一桩耸动的文化事件,但余秀华的诗得到的真心喜欢要远远多过凑热闹式的驻足围观。 这并不是艺术标准向弱者倾斜的结果,虽然作者的体征已成为作品的一部分。 在她的诗里一定有某种刺中人心唤起共鸣的东西。

在她的诗作中,《穿过大半个中国去睡你》这首诗是最早也最多被提到的。 明目张胆的欲望,如点燃的火药线,滋滋的一路烧过去,引爆了网络。 不奇怪女性主义者对她示爱。 女人成为"睡"字前的那个主语,语言的越轨点破身体的动乱企图,在媒体的推波助澜之下,这首诗几乎成了女性的新自由宣言。《睡你》,也许会让人想起曾经的《上海宝贝》或《遗情书》。只是,同为情欲的书写,余秀华的和都市女性作家们的,在意义上总有些不同。

都市女性的情欲书写,是物质和身体双重保障下的自由表达。和精心彩排过的具有表演性的形体一样,那些有关情欲的叙事也包裹着一层时尚的脂粉,和所有的商品一样符合消费社会的售卖标准。有着毫不含糊的利益诉求的作者,以女王般的骄矜姿态,自如地穿梭于熟悉的性别规范和市场法则之间。在消费和被消费,主宰和被主宰的权力游戏中,具有商业时代特色的自由样本应运而生。

对于只有一具病体身陷偏僻乡村的贫穷农妇来说,她的欲望和绝望是同义词。在她的情欲书写里,没有布景,没有虚饰,没有心机,只有花朵蝴蝶河流一类自然的意象,原始的蛮力,注定落空的情感。一个女朋友说她特别喜欢那首《我爱你》。"如果给你寄一本书/我不会寄给你诗歌/我要给你一本关于植物/关于庄稼的/告诉你稻子和稗子的区别/告诉你一棵稗子提心吊胆的春天"。女朋友说,和成熟后被人热爱的稻子不同,稗子是一旦开花结穗就要被农人拔掉的杂草。如此自喻,让人心疼,却不让人难过。不管不顾野蛮生长的杂草,分明有穿透庸常劈斩虚伪的惊人力量。没有从生存角度对文字价值的物质称量,她的诗歌与生活浑然一体,她的困境就是她所拥有的自由,她要活,她在爱。

她的诗也受到很多男性读者的喜欢。有人说余秀华的诗里有种特别让人动容的力量——真实、热烈、浪漫。还有人说从她的诗中感受到了一个饱受磨难的生命对时代的控诉。 政治化的解读或许超出了诗作的本意,但这种少有的对一个诗人诗作的集体表态,至少验证了泥沙俱下的日常生活中依然有一种汩汩不停地往外冒的求变求新的意志。

不喜欢或嗤之以鼻也很正常,在人人都有评议权的年代里。诗的好坏暂时放在一边,更重要的是,这一个仿佛忽然从地里长出来的余秀华,以其和形象反差巨大的浑圆饱满的文字,让人们见识了生命的神奇,她摇摇晃晃,又顶天立地。

人创造语言,但在一切被定义之后,人又被自己创造的迷宫困住,失去了一切也失去了自己。 事实上,语言能够拯救在荒原中流浪的人类。 语言对余秀华而言,是摇摇晃晃的人间的一根拐杖,帮助她平衡,帮助她打通和外界沟通的渠道。 她歪着身子,在电脑前一个字一个字的敲打她的诗句。 她的疼痛,她的爱,她诡谲而斑斓的内心世界,就这样一点一滴,艰难缓慢地向外输送、流淌、由细变宽、由缓渐急,直至形成浪花奔涌、水声轰鸣的巨大河流。

这神奇的力量,来自于大地,又将反哺大地。

《中国现代女性作家与中国革命》[①]：理解革命的一种新路径

灿若星河的中国现代作家群中，女性作家是格外夺目的一个星群。与古代社会的女性文学创作不同，这些女性作家的创作实践与民族国家的形成过程紧密交织在一起。蕴藏在她们作品中的强烈的女性主体意识，作为现代性的重要标识，参与了现代中国的社会转型。她们的作品，以及人生，也构成了现代文学史上一道别具特色的人文风景。她们在书写，她们也在被书写。她们记录了时代，时代也将对她们的贡献做出恰当公允的评判。

恰当公允与否往往取决于后来者选择的评判角度。角度的选取，既是一个认识事物的便利渠道，也反映出研究者的价值立场、思维深度乃至理论抱负。那么，本书的作者是怎样做的？

翻到《中国现代女性作家与中国革命》的目录页，首先会看到这样几个女性作家的名字，她们依次是：秋瑾、冰心、庐隐、白薇、袁昌英、萧红、丁玲。这是一种乍看之下有些突兀的排列，因为按照已有的某些分类标准，如文本类型或文学地位或政治标签，这几位女性作家很难被归为一类，因而也就谈不上将其并置进行总体的书写与评价。白薇和袁昌英是剧作家，萧红是以小说《呼兰河传》传世，秋瑾留下来的诗稿数量相当有限，更多的人只知道革命者秋瑾而不知道女作家秋瑾。我们也可以说，其

[①] 颜海平.中国现代女性作家与中国革命[M].季剑青译.北京：北京大学出版社，2011.

第三辑 性别与书写

中有些女性作家的作品具有革命的左翼色彩,特别是丁玲,她的人生与革命存在多个层面多种形式的关联,可以说她是现代女作家中与革命关系最紧密也最耐人寻味的一位。如从与革命的关系这一角度来看,冰心为何又位列其中? 冰心为人们所熟知的标签是"儿童文学作家",她为世人所称道的多是其温婉慈爱的女性形象,与革命似乎并无关联。那么,这些女性作家及其作品存在哪些共性以至于可以将其抽象为一个独立的分类标准?

冰心

抛开既定陈规,比如按体裁或意识形态需要归类,深入到这些作家的人生轨迹与创作实践中进行细密梳理,我们会发现,这些人生道路各异、创作风格不同的女性作家及其作品具有如下几个共同特质。

一、个体的身体经验是她们文学创作的动力和激情的来源

文学源自生活,文学创作与写作者的个人经验息息相关,男性作家也不例外。然而,与男性作家不同的是,女性作家除了拥有作为一个"人"的对世界的基本感知,还拥有作为一个"女性"的独特身体经验。这些身体经验,又不是同样拥有其"性别"的男性作家能体会到的。尤其是在一个男权社会里,如果不是具有相当的自觉和共情能力,男性作家很难不在作品中留下

209

让人遗憾的性别盲点。换言之,女性这一性别身份给予女性作家的身体经验,虽是生命痛苦的来源,却也可能成就一种非凡的文学品格。用作者的话来说,"这里论述到的所有女作家的想象性写作,都强调'血与泪'是她们写作的资源,或者真正的、身体性的源泉""她们痛苦的力量在这些写下来的词语间挥之不去"。

需要进一步指出的是,作为女性——这一"弱质性别"而获得的身体经验虽是这些女性作家文学创作的出发点和源泉,但她们并没有停留在狭隘的私人叙事层面,而是将笔触跌宕开去,将笔下的关怀延伸到关系民族国家存亡发展的更大命题上。因此,虽然作家的生活史从来是理解其作品的重要维度,但是对于这些女性作家来说,个人的身体经验更是与作品本身黏合成了一个整体,她们的私人生活和创作活动和革命进程交织在一起,忽略任何一个方面都可能导致对其认知的不足和评判的不公。必须像作者那样,将纸质文本和创作者的身体经验结合起来,对她们的文字进行显微镜下的细读,才可能体味出这些文字中蕴藏的理想和激情,才能"对她们的创造力和创作进行较为贴切的探讨"。

比如秋瑾。在数量上,她的作品难以和其他作家相比。但要研究中国的女性主义写作,又绝不可能绕过她。因为"她的写作是20世纪中国女性文学形成中的一股深邃变革的生命力量,当我们认识到她的写作是与她对自己身体的重新塑造既无法化约更无法分开的时候,她充满张力的内涵和意义就开始显现了"。这里的身体"重造"有一系列广为人知的照片为证。比如那张著名的男装照。

第三辑　性别与书写

服装能看出人的灵魂。 在照片里，年轻的秋瑾身穿男士西服，脚蹬男士皮鞋，向世人明白无误地表露她那想要冲破社会对于女子的种种束缚的决心。 这一类似于行为艺术的、大胆的、颠覆传统的着装革命，还只是秋瑾，这位对革命事业矢志不渝的传奇女性一生中诸多身体经验中的一方面——也是较易被人们看到的一个方面。 而另一方面，如在那双明显有些空洞的大尺码男士皮鞋里面装着的，是双裹过足的小脚。 在她的双足像

秋瑾男装照（穿在这双男鞋里的，是双裹过的小脚）

当时的无数中国女性那样，被象征着严酷的身体束缚的裹脚布缠绕了29年之后，秋瑾为自己放了足。 但这仍是一双无法还原到从前的畸形小脚。 而等待这双小脚的，是像男人一样的大步远行。 从家庭里出逃，到远渡重洋，到后来回国创办讲武堂，整个行走的过程中，秋瑾踩着的其实是一双每走一步都如同踩在荆棘丛上疼痛难忍的小脚。

这些经过作者严谨考证后发现的细节提醒了我们——如果不了解她的身体经验，也就无法通透地理解她的文学创作，难以真切地体会到她的诗句"可怜一幅鲛绡帕，半是血痕半泪痕"的来历和所指。 这些经验又并非只属于她，太多的中国女性有着与她一样的身体被束缚、行为被设限、思想被禁锢的遭遇，秋瑾的

211

这些来源于自身经验的诗作，实际在呼唤那些与她有着共同命运的人们的觉醒。恰如她后来自觉选择的死亡。这是她最后的行为艺术，她以"主动求死""女人也可以上断头台"的方式开启了革命的新篇章。

二、她们的作品以不同的形式对儒家社会的性别秩序进行反思和挑战

在男性更具有写作条件的年代里，女性写作因其稀少而显得弥足珍贵。到了明清时期，从事创作的上层女性已越来越多。但女性参与写作并不意味着就获得了书写和表达的自由。儒家对女性的规训无处不在，即便是在写作领域，也处处充满了对女性的表达自由的限制。如谭正璧在《中国女性的文学生活》中所说，"当时的家庭结构及社会控制的网络，仍然为女性的文化活动与文学表达划定了清楚的界限"。比如在主题上，"闺怨"主题是能够被接受的，但是在表达"怨"的情绪的时候，女性作者也必须有所克制以让作品风格符合儒家美学程式的要求。秋瑾显然不愿意自己的创作局限在种种的教条规范之中。在一首看起来也是描写女性的"春愁"的诗中，她写道"愁城十丈坚难破，清酒三杯醉不辞"。我们可以从这句诗里读出与通常那种哀而不伤怨而不怒的闺怨诗完全不同的情绪与气魄。愁城可达"十丈"，这样的力度完全超出了儒家为女性言说所设的限度，它甚至都让人有些隐约的不安。醉酒这样明显的男子行为，也显然不适合发生在女性身上，但秋瑾不仅大口地喝酒，还要将其写进诗句里。这不是酒醉后的乱语，这是一种有意识的语言革命。

第三辑 性别与书写

如果说秋瑾的作品挑战了儒家对女子情绪的限制，那么冰心的作品又该作何解释？ 冰心许多作品都是以母爱为主题，看起来，与儒家的美学要求倒是十分吻合。 她的作品被称为"儿童文学"，被贴上"闺秀文学"标签，一部分也是因为母爱主题。 但是，随意安插这些并不为作者本人所认可的标签，不说是对作者的不敬，起码也是对其作品意涵的误读和对其文学价值的误判。

仔细品读冰心的文字，会发现，冰心写母亲，写母爱，写的是一种完全不同于儒家制度下的那种家长对于子女的情感，她所描绘的母亲与女儿之间的关系，也完全超越了原有的家庭秩序。 比如在一篇借母亲口吻所写的文字中，她写道，"海波声中，你已会呼唤'妈妈'和'姊姊'"。 妈妈，同时可以是姊姊，这意味着冰心笔下的母爱，已不是传统意义上的身为家长的母亲对等级结构另一方子女的爱。 与此相反，这是以一种建立在平等的基础上类似于姐妹情谊的爱，它"形成了一种女性主导的互动关系，它保持着母亲和女儿之间多方面的差别，但同时又超越了家长—孩子间的等级制准则"。 因此，冰心的文学创作表面上看起来是极为纯粹的歌颂母爱，但在她的字里行间分明透着一种对传统家长制度的挑战和重构的努力，这股力量是不可小觑的，因为"这种感知系统超越并可能摧毁儒家制度中的家族等级制及其功能性利益，其中包括那种把父母子女之间的关系规范为等级制的'恰当'行为和心理模态"。 也就是说，与某些研究者对冰心的认知和定位正相反，在作者看来，她的作品里根本存在一种冲破旧规范、旧体制的强烈欲求，虽然她的个人生活经历远不如秋瑾那般波澜壮阔，但她在作品中所使用的用来解构家长制的文学技巧，与"愁城十丈"这样的修辞手法异曲同工。

时代镜像中的性别之思

袁昌英

再如袁昌英的剧作《孔雀东南飞》。此剧改编自东汉经典叙事诗《古诗为焦仲卿妻作》。诗中,焦仲卿和妻子在依照焦母的意志分开后,结束了自己的生命,焦母也因此成为历史上最冷酷的婆婆之一。在袁昌英改编的《孔雀东南飞》里,焦母的个人命运取代单面的冷酷形象,成为故事的焦点。袁昌英试图让观众看到的,不仅是一个残忍的父权帮凶,更有导致她的个人命运的父权制的权力运转机制,这是一个将女性设置在不同位置并以各种形式将她们相互隔离的权力运作机制。几年前引发争议的电影《金陵十三钗》中的叙事逻辑也体现了类似的权力运作过程:以贞操为界,离间女性,遮蔽父权制下所有女性原本同命的事实。女性如果对这一权力运作过程缺乏自觉,最终也将作为父权制的帮凶,如有一天她拥有了权力,则可能复制这一机制而不是走向相反的、通向自由的道路。袁昌英就是这样,以剧作的方式,悄悄地戳穿了父权制的阴谋。

三、她们以文学的方式为弱质性别赋权

在一个男性主宰的世界里,女性是当然的弱质性别,无法享有与男性同等的权利、地位、机会和资源。社会建构论指出,这

第三辑　性别与书写

种差别的形成，并非因为女性先天不如男性，即两性在生理上的先天差别并不必然派生出后天的种种不平等，后天的诸多不平等，实际是占有优势地位的性别，逐步通过文化、法律、政策、道德等种种人为的构造物建立、形成和不断强化的。而且这种以生物进化论和二元论为基础的认知体系，除了将性别划分为优劣两种，还将受压迫受戕害的失败者定位为先天的低劣者，把具有侵略性的优势者界定为天然的优越者。也就是说，那些受压迫者之所以受压迫，并非源于外力，而是源于其自身，这是他们注定的命运，因为他们生而低劣。这是非常可怕的逻辑，它为施暴者洗脱罪名，让受害者贱视自身。更具体的例子是，在今天仍有人将性骚扰、强奸的发生归罪为被骚扰、被强奸者本身有过错。这样，在暴力发生之后再施加另一层暴力，以双重暴力的方式将弱者钉牢在天生受害者的角色上。

那么，弱质性别是否只有孱弱无能地接受自身的命运而无丝毫的能动性？书中列出的现代女性作家给出了她们的答案。丁玲在中篇小说《新的信念》中，写了这样一个颇具象征意味的人物，一个被日军强奸的老婆婆。可以想象，这样的一个老年女性在被强奸之后可能面临的处境：在遭遇强奸暴力之后，她还可能受到来自同胞的指责和隔离，仿佛她已是耻辱的化身，人们都希望她保持沉默或干脆消失。但老婆婆没有像众人希望的那样，带着耻辱的烙印活在永远的沉寂之中。相反，她采用了近乎"不知羞耻"的方式，反复向村民讲述发生在她身上的故事，她甚至强迫听众表现出他们的态度，无论是同情还是排斥。渐渐地，她用这种方式解开了自己身上的秘密——那种被界定为天然弱者的人身上的羞耻感，同时也解开了那些听众们的心结。这种不断的诉说到了最后变成一股愤怒的力量,唤起了人们反抗暴力的决心。 老婆婆的做法仿佛是丁玲给出的答案:弱质性别本身具有极强的能动性,这种潜能发挥出来,将使她获得反转命运的机会。

也许正是因为这些女性作家具备以上所说的共同特质,作者认为将她们归为一类不仅可行而且还可以开创出一个重新审读和理解现代女性文学的新视角。 用作者的话说,就是"作为弱质性别群体的核心特点,同时又以弱质性别群体为社会杠杆,这种力量唤起弱性物种范式性的赋权可能,这其中蕴含的悖论性的紧张,正是中国现代女性文学及其想象的重心所在"。

但是,作者显然不仅仅是基于撰写文学评论的目的来重建这一谱系的。 上文中提到的作为西方认知体系建立基础的生物进化论和二元论,在性别领域里制造了弱质性别,在世界范围内,则制造出了罪恶的等级秩序 —— 这是西方霸权得以建立的秘密之一。 女性在性别领域中的位置,与中国在等级化的世界版图中的位置何其相似。 西方看中国,很难避免东方主义式的猎奇。这是一种不对等的观看秩序。 对应于性别领域中的性别等级制,中国也在东方主义式的注视下成为二元化结构中弱势低劣的一方和那个不具有平等对话资格的妖魔化的他者。 作者通过对中国现代女性作家的开创性的解读,对她们的作品中存在的"非真的蕴律"这一意象的强调和对"弱所以强"这一逻辑的重述,暗示了弱国如何在等级化的世界格局中重建主体性的可能。 这种可能指向的并不一定是所谓的大国崛起的模式,而是超越强弱对比的斗争框架,不争夺所谓的强者标签,相反,在承认弱的同时开掘自身的资源,与其他国家一道建立一种更为平等、开放的世界新秩序。 也正是在这里,我似乎体会到了作者写这本书的用心和抱负所在。如果说作者20多年前创作的历史剧《秦王李世民》是在寻找传统资源，这本书要做的，恐怕就是清理革命的遗产。追溯传统，重访革命，并不是要回到过去，而是要结束对"过去"的那种非黑即白的简单判断，创造性地借鉴一切有价值的经验，并在中国未来的发展模式上，想象一种新的可能。

四、结语

看完《中国现代女性作家与中国革命》一书的当天，正是海南万宁"校长带小学生开房"案公布审理结果的时候。法院最终以强奸罪判处犯罪人有期徒刑13年。此案虽然落定，但其激起的社会震荡不会在短期内平复。人们难以想象未成年的小学女生竟会成为成年男子泄欲的对象，而犯罪人居然是负有使学生免于侵害之责的学校校长。性别暴力从来都与男性霸权文化、等级化社会结构以及集权主义脱不了干系。从这一角度，我意外地发现，这起和大国形象极不和谐的事件，其实与我手中这本书里讲述的女性故事之间存在某种令人心悸的内在关联——革命时代的伟大女性用蘸血的笔来抵抗的多重暴力，并未随着新时代的到来而停止对弱小的戕害，相反，在后革命时代暴力的罪恶黑手伸向了她们的女儿。在以经济高速发展著称的这几十年里，我们的肉体和精神世界里究竟发生了什么，以至于第二大经济共同体向世界输出的竟是"性侵幼女"这样的并非孤立的罪案样本？女性，或者说所有的写作者，又该如何在"强"国语境下处理这些与性别暴力有关的素材，发现并揭示被大国幻境所遮蔽的那些足以导致社会肌体腐烂的深层危机？我想，《中国现代女性作家与中国革命》一书也会在某种程度上给出答案。

第四辑 性别与人生

"我大声呼喊，连名带姓地喊。喊声落在旷野里，好像给吞吃了似的，没留下一点依稀仿佛的音响。"

——杨绛《我们仨》

"我爱您就像爱盐一样，不多不少。"

——莎士比亚《李尔王》

第四辑　性别与人生

想象杨绛

杨绛

我读书少，知道杨绛的名字是因为钱钟书，知道钱钟书是因为《围城》。

那个时候刚念大学，黄蜀芹导演的电视连续剧《围城》挺有名。我也看，看得似懂非懂，不知道它为什么得了那么多好评，只记住了"局部的真理""梅毒""丰满肥白的孕妇肚子颤巍巍贴在天上"——一些一般电视剧里不大会有的台词。

后来才知道电视剧是小说改的，小说作者是钱钟书，一个大学问家，他妻子叫杨绛。很少看到"绛"字做人名，就记住了。

再后来看到她写的《洗澡》，和看小说《围城》一样，因为缺乏对中国知识分子群体以及这个群体与历史政治关系的切身了解，看书时也只是看个表面。谈不上喜欢，更无法做出评价。

是在自己也走上了一条以读书写字为业的道路，并以"知识分子"来自我要求的时候，才开始对这个群体有了些微了解，渐渐看明白《围城》里很多费点脑力才能明白的"梗"。

《管锥篇》依然没有读，钱先生学问究竟有多大，我也不知道。我只是通过《围城》读出了作者绝对的、足以俯视世人的聪明，甚至这聪明里还带有一丝智识和趣味上的优越。

221

能做这样的一个钱先生的伴侣,只能是智识趣味足够相当的杨先生。

但这个时候的杨绛在我眼里还是很抽象,是一个大符号身边的小符号。

开始真正从一个具体的人的角度认识杨绛,是钱钟书先生去世那年。当时《南方周末》用几个版面做了翔实报道。关于杨绛的反应,印象最深的一个词是很"平静"。

很平静。

为什么会在丈夫去世时很平静? 在殡仪馆见到的情形,哭泣是必然,哭天抢地也很常见,似乎这才是送别至亲最后一程时的规定表情。

何况杨绛和钱钟书是一对令人称羡的天生佳偶,用今天的话说,就是 soulmate 灵魂伴侣,是志趣、学养、人生境界诸方面都匹配相投的知心人。

《我们仨》(杨绛著)

平静绝不是因为无情。也不是为了优雅,尽管她一生的姿态已足够优雅。我想,也许是因为她与钱先生的情感已超越了被欲望、利益所困的普通夫妻,她对生死的理解也超越了世俗常人。

所以肉身的消逝并不意味着她从此失去了这个人,他的精神已与她合一,此间的送别只是意味着前往彼岸的重逢之旅的开始。

后来看《我们仨》,看到她写:

第四辑　性别与人生

"有一晚，我做了一个梦。我和钟书一同散步，说说笑笑，走到了不知什么地方。太阳已经下山，黄昏薄幕，苍苍茫茫中，忽然钟书不见了。我四顾寻找，不见他的影踪。我喊他，没人应。

只我一人，站在荒郊野地里，钟书不知到哪里去了。我大声呼喊，连名带姓地喊。喊声落在旷野里，好像给吞吃了似的，没留下一点依稀仿佛的音响。"

情深未必表现为外人看得到的泪水，情深可能是漫漫长夜只我一人能体会的孤凄。

然后还知道，在钱钟书之前，她已送走了爱女钱瑗，他们曾经是那么简单又快乐的《我们仨》。

那段时间经常去三联书店见一个朋友，一个很出色的出版人。和他聊起这本书。他和"仨"打过交道，说：这是很特殊的一家人。特殊，仿佛是指这一家人只专注于精神生活，不似寻常家庭尘烟弥漫，透着世俗的生气。

钱先生去世，杨先生成了这一家人在世间最后的形象。网络世界断章取义，将她塑成了鸡汤教母一类的人，满足着现代人浮泛油腻的审美趣味。

我们只需要鸡汤。文字背后那一代精英知识分子的精神世界，来龙去脉，没有工夫去仔细品嚼。而那些历史细节中展现的独立与风骨，或许才真正有益于我们在支离破碎中的身心整合。

一次偶然的机会，和戏曲界的朋友听章怡和章先生讲八卦。讲到杨绛。她伸出大拇指，只有满心的佩服。举例之一是对金钱的态度。大致是钱先生身后的稿费，以百万元计（1998 年的百万元），她却一分钱都不要。具体什么原因不要，章先生没说得太清，只是一个劲儿说佩服。还说到她对保姆，也是要求有度，关系上平等独立。可以独自完成的事情，不会依赖旁人，吃得也是极其简单。

这世界上能让一身傲气的章先生佩服的人，应该不多吧。

网上继续流传各种故事。包括费孝通先生追求被拒的故事。包括钱钟书的"最贤的妻、最才的女"的"鉴语"。其实学养、成就比他们丝毫不差的杨绛哪里需要这些说法来证明她的价值呢。

我们不过是需要满足自己的想象，需要虚构一个神话来填充精神的空洞。而她坐在想象的另一端，过着与旁人，与世界没有关系的生活。

近20年，老人一个人。她孤独吗？当一个人活得比绝大多数人通透，明悟，少有人共鸣？她如何能够始终保持着理性与清醒？照片中看到的她的晚年时的神态那么安定、泰然。

现在，她终于告别了一个人的生活，终于回到了《我们仨》的世界。

从此再无生离与死别。

第四辑　性别与人生

繁华落尽海上花

十年前读《张爱玲文集》，每读到那些令人叫绝的描绘旧上海市井生活的文字，都会忍不住生出无限遐想——当年的上海滩该是怎样的浮华若梦呀！她经常提到的那间可以听到电车"克赖克赖"声和咿咿呀呀拉过来拉过去的胡琴声的公寓，也是让我非常向往，真想知道它究竟是怎样的风情万种，又是怎样在兵荒马乱中沧桑了岁月。当年我便立定志向，将来一定要去上海那个能够生出张爱玲这样一等一妙人儿的地方看一看，顺便再去那间公寓坐上半晌，听听路过的电车声，听听半个世纪后的公寓的热水管，是否还如当年一样在"让人心悸的空响"。

张爱玲

十年后，终于有机会赴上海一行。十年间，曾听到张爱玲在异乡悄然离世的消息。应了"自古才命两相妨"的话，爱玲走时亦是孤独一身，并且多天后才被人发现。对此，大陆用短短一则消息作了介绍，其在大陆文坛的地位始终居于诸多革命作家之后。晚期一点，她曾经的知心爱人——胡兰成的一系列文字也相继在大陆出版。表面上胡是因为张的缘故而受人瞩目，实际上胡的才气于张而言只有过之而无不及，张心仪他，及至二人结下孽缘，实在是前生注定。之后，张爱玲一些散佚文字也陆续结集

225

出版，早年作品《同学少年都不贱》再次卖得满街盗版横行。 可这些，都是身后的热闹了。

乘地铁，从静安寺站出来，往东走一点到常德路口，在常德路195号有一座"常德公寓"，便是张爱玲在文字中经常提到的，曾住过七年的那座公寓。 这是一幢意式风格的八层楼房，门旁的砖刻石碑上对建筑风格是这样介绍的："优秀历史建筑，原为爱林登公寓。 钢筋混凝土结构，1936年竣工，装饰艺术派风格，平面呈凹形，两翼向后。 东立面两侧长条状挑阳台同中部竖线条形成横竖对比，顶部两层，退后收进，局部装饰细腻。"

上海，常德公寓

在大门入口处，抬头可见"常德公寓"四个金字在阳光下泛着陈年的光，字下是2005年上海市静安区人民政府挂的铭牌，装饰欧化的铭牌上用同样华丽的字体写着："张爱玲故居（1921—1995），女作家，写作风格朴素秀逸，1952年赴美国定居，1994年，由皇冠出版社出版《张爱玲全集》15册，并获得台湾《中华时报》的'特别成就奖'。" 这样的介绍，对半个世纪以来，倾倒了无数读者的风华绝代的女作家来说，实在是聊胜于无。

1941年底，珍珠港事变致香港沦陷，港大停课。 1942年夏天，仅有半年就要毕业的张爱玲被战火赶回了上海，与姑姑住进

第四辑 性别与人生

了这座自己熟悉的爱林登公寓，正式开始了她的写作生涯。 张爱玲在51号也就是今天的605室一共居住了7年。 这座公寓也是张爱玲在上海与姑姑住得最久的公寓。 在这里，张爱玲完成了她的几部传世佳作——《倾城之恋》《沉香屑第一炉香》《沉香屑第二炉香》《金锁记》《封锁》《心经》和《花凋》，也正是这些作品，令其扬名上海，一时惊为天人。 除此以外，在这儿还发生了另一件对她影响重大的事情，这就是与胡兰成的相识。 大她15岁的胡兰成第一次拜见她，按响的便是51号房的门铃，因为张通常不见陌生人，胡吃了闭门羹，只好从门缝下塞进了一张纸条。 就是这一张纸条，牵扯出了之后那段已为众人熟知的爱恨交织的情事。

如此便利地找到了爱玲旧居，实在有些让我意外。 公寓伫立在街口，陈旧却洋味十足的建筑外观，使它与周围那些像一个模子里倒出来的毫无风格可言的高楼大厦截然区别开来。 楼体的颜色像女人过期的粉饼，在一堆颜色鲜亮的楼房中格外突兀，不协调得让人心惊。 公寓楼两边对称的弧线型阳台排列成阶梯状，在蓝天白云之下，一派现实安稳的样子。 可是，往前一步，鼻子就能嗅到老房子特有的霉味儿，那该是半个世纪前的味道。 这一团混沌不清的气息，仿佛还在如泣如诉地回忆着那些令人心碎的往事。

从正门进得楼来，里面的陈设已经斑驳不堪，楼内电梯间原有的铁栅栏式的老式梯门改成了现在的钢板门，给人更加增添一份时空错乱之感。 我没有坐电梯，而是径直步行到六楼，51号的大门紧紧关闭着，不知道里面住着怎样的人家。 想敲门进去，手停在了半空——还是不打扰别人了，只在门前徘徊了一圈后黯然离去。

下得楼来，发现楼梯间木质扶手上的红漆已剥落许多，积着

227

厚厚的灰。五彩细格子的马赛克铺成的地面,色彩依稀可辨。楼后是一个工地,正在建筑中的大楼,指日可待的将从这旧公寓后立起,飞扬的尘土与机器的轰鸣声,扰得满世界不清静。公寓里每户人家的大门都是严密紧闭,好像躲在里面,便可自成天地,与世隔绝。

出得楼来,遇着几个正闲坐聊天的人。其中一人见我行色陌生,张口便问,是来看张爱玲的吧? 我惊讶的神情让他有些得意:这是张爱玲故居,经常有人来这看她呢。我一面笑着算是回应,一面注意到楼门口考究的木质信箱依然保留着,51 号信箱也还在,只不过里面放着的是 2005 年 4 月某天的晚报。楼外,车水马龙,熙熙攘攘,是同样繁华似梦的 21 世纪。

公寓对面有一家欧式风格的"翠园"咖啡馆,曾是张爱玲经常前往的。推门进去,要了一杯咖啡坐下,透过落地玻璃窗,对面正是那幢颜色斑驳的常德公寓。此情此景,让我又一次想起与张爱玲有关的种种事情,才华与心气皆高的她,躲得过乱世的纷乱,却躲不过和平年代的桎梏,于是飘零成全了她最后的圆满。

放眼望去,窗外的上海,已经不是张爱玲的上海,行色匆匆的人群,疯狂崛起的高楼,应接不暇的车流,渐渐吞噬掉我所有因她的文字而生出的关于上海的想象,那本是一个在生活细节上精致得近于"糜烂"的上海,是充满市井的生命力,永远从容优雅的上海。

事实上,早在 1952 年的上海,便已经不是张爱玲的上海。这一年,她如同离开一个陌生人一样,毅然决绝的离开这里去往他乡。从那以后,这位中国现代文学史上的传奇女作家再也没有回来过。

第四辑 性别与人生

端午劫

每年端午前后总要发一次皮肤病。

红色小疙瘩，不知道是在哪个时辰，也无法预测会在哪个部位，就那么冒了出来，很痒，还挠不得，仿佛指甲会带上疙瘩里的毒素，挠到哪就长到哪。

有很多年，只要一感觉身体某处燃起一种熟悉的痒，就赶紧找出家中头一年端午节存下来的艾草。

艾草早已枯干。曾经滴水的绿叶萎成惨灰色一团，脆弱的一揉就成了碎末。枝茎也是轻轻一折就露出尖刺的截面。把灰烬一般毫无生气的叶和茎放在盛了清水的大锅里，小火慢慢熬煮。

煮开后，让它再沸腾一会儿，就可以准备脱衣沐浴了。艾叶煮出的土褐色汁液，有一股凛冽的清香。用煮软的叶和茎黏着汁液在疙瘩上来回擦。受到刺激，小疙瘩会痒，痒过之后似乎更红了——这意味着它的"毒"被排出来，再擦洗几天，它们就会颜色变淡，从皮肤上消失，皮肤就好了。

这样的治疗，取法自然，而且与我异乎寻常地对症。与艾草算是有缘。同样有缘的，是根茎虫怪皆可入药的中医。

很长一段时间，生了病就会去离家不远的一个药铺看中医。中医是个岁数神秘的老先生，长得像土地爷，脸蛋红润，笑容可掬。

他家房子落在街边，是几间屋子由外而内一通到底的那种。临街的那间就是诊所兼药铺。

他招呼我到里屋坐。屋子很旧，墙皮黑灰，积了陈年的擦不掉的垢。 光线靠的是头顶一扇通天的方形狭窗。 几件木制老家具，也不知是哪个朝代的遗物。

就在这有些鬼气森森的地方，土地爷淡然地坐在贴墙的靠椅上，眼睛微眯地看着我，示意我在对面的老位子坐下，嘴中喃喃。 我猜是问我有什么不舒服，于是很不自信地开始作答。

不自信是因为语言不够用，担心说不准身体上的种种复杂感受。

也不知他听明白没有，总之，他照例要伸出一只手替我把脉，要我像夏天热坏的小狗那样，伸长了舌头让他看舌苔。

你最近又……了吧？ 他有时忽然冒出来一句话，说中我以为不需要汇报的症状。 我心头一跳，有秘密被发现了的惊慌与崇拜。

喝几副药吧！ 土地爷最后说。

他取来细长尖头的水管钢笔，也不用戴眼镜，就那么蘸着酱蓝色的墨汁，在薄而透的一张小方片纸上，一笔一划地写起了药方。

药的名字有些很好听，像花草；有些很拗口，笔画很难辨认，像神话里的怪物。 让我佩服的，是他年纪那么大，居然还记得住那么多名词。 对于没心肝的我来说，那些药名，还有他常说起的一些穴位，简直就是天书，是外星人的语言。

他是神仙吧？ 我总是很容易遇到神仙。

写完了，我便拿了这张随时会被风吹走的薄纸片，交给站在临街柜台后面的伙计。 看他抓药。

最喜欢看人抓药。

一墙的小抽屉，长着细巧的铜拉手。 药方躺在柜面上，伙计

第四辑　性别与人生

瞥一眼，选一个抽屉，拉开来，取出里面的药，放在一个同样细巧的小秤上。

重量对了，就把托盘里的药均匀地分在已在柜面上铺好的几页包装纸上——药吃几副，就分几张。 称了几轮下来，桌上就有了相同的几堆药料，偶尔，还能见到一些干掉的昆虫，好吓人。

药配齐，最后逐一掀起包装纸的四个角，叠成一个四方的小包。 一个个小包再垒起来，用细圆的草绳系成十字扣，巧妙地固定好。 然后，我就拧着这串药包，已经治愈了一般地摇晃着回家，自得的样子，仿佛是电视里旧时的纨绔子弟，手里提溜着一只属于标配的鸟笼。

中药要先在水里泡一段时间再熬，药性才会散发得开。 和我熬粥的习惯一样：豆和米，泡一会儿，等它们吸足了水分之后再上锅，会更容易熟，也会更香，因为水力已化开豆和米的每一个分子，香味和营养，就是从这最小的结构单元里冒散、生发出来的。

和熬粥一样，熬药也适合用陶质容器，文火熬。 以前家里有小煤炉，圆筒的蜂窝煤填在炉身里的那种。 守在炉子旁，看着轻淡的蓝色小火苗舔着罐底，有种等饭熟的充满期待的喜悦——吃货真是对任何能够入嘴的东西都一往情深。

渐渐地，一股药香味从罐子里渗出来，这药香看不到，却分明有形，充满房间的每一道缝隙。 那香味，是太上老君炼丹炉的气味吧？ 在弥漫着药香的房间里，我有了一种羽化成仙的幻觉。

其实，这气味不能只用"香"来形容。 这些植物的块茎，是汲取了日月光华大地营养的灵性之物。 熟烂之后发出的，是混

231

合了树木、泥土、雨水、动物……的各种气味在内的浓稠暧昧迷离的味道。我浸润其中，迷迷瞪瞪，不能自拔。

看病、抓药、熬药。到后来，竟成了一个让我着迷的过程。有病去药铺，没病也爱去。总觉得在这个过程里，一定藏着某种无法参透的玄妙。

特别是老中医把脉的时候，当他将食指与中指并拢，搭在我脉搏上的时候，当我身体里的信息经过一张一息的脉动传达到他思想里的时候，我发现，这根本就是我向往已久的通灵巫术：收集此人的生命密码，指给她一条可行的世间道路。

那一刻的气氛，有种不寻常的肃穆，甚至恐惧，一瞬间，仿佛看到有妖魔、有邪神、有圣仙，在时间的轨道里飘浮、穿梭。

中药很苦，有的苦到让人誓死不从。我从来不怕，端起来三口两口就把药吞了下去，像革命者一样。苦药当然不好喝，不好喝的东西还能甘之如饴，只能说明我已经着了某种魔。

数年之后，老中医去了另外一个世界。他仿佛带走了我的一段人生，一段神秘而浪漫的人生。我觉得自己的感知系统忽然丧失了一种功能，原来我可以感知前世与来生，可以轻易地和天地连通，像树木花草飞鸟虫鱼那样，忧欢纵横在自然之间，成为自然本身。

我认定身体里的密码再没有人能破解。生了病，能自己扛就自己扛，轻易不去看西医。西医并不坏，可真的很不喜欢那些冰冷的器械、统一归类的疗法，以及日益疲惫的医生们的麻木的面孔。

也尝试过中医院，望闻问切的知识一样还在流传，可是好难再遇到土地爷或太上老君。

第四辑　性别与人生

医院现在都有"代煎中药"服务,煎好后的药汁,按剂量用塑料密封袋装好,一包一包,像超市里的利乐包牛奶,方便是方便,却总像缺点火候的汤,喝着让人失落。不是慢慢熬出的药汁,能有效吗？老家的腊肉,是要挂在农家灶台上经过长年的烟熏火燎,才能凝结出深沉细腻的肉香。

节奏跳跃得太快,我适应不过来,连每年端午前后会发的皮肤病,也都开始摸不准发作时间。端午节的内容,只剩下吃粽子。

北方回来的朋友说,在她的老家,保留着一个有趣的端午风俗：全村人会在半夜里倾巢出动去踏青,然后在清晨时分,采集树叶上的露水洗脸。听了这近乎神话的故事,我有些戚戚然,有些坐立不安,我觉着什么地方开始发痒。

满街都是艾叶与蒿草,扎成一束,高大浓郁,绿得有几分诡异。我要了一把,高举着,如同旗帜一般,浩浩荡荡地,虚张声势地,去赴一场和自己的端午之约。

李尔的饭桌

话剧《李尔王》剧照

过年回家，任我以什么理由劝阻，父亲还是会让母亲准备一大桌子菜。这是约定俗成的规则，是仪式一般坚固的存在。

我该热泪盈眶，像电视公益广告里大年夜赶回家被一团温馨感动得泣不成声的孩子吗？没有，我没有泪。我只是笑着坐下，带着一丝不易察觉的勉强。

这几尺见方的饭桌，于我而言，从没像广告里那样，只是一个纯粹的亲情流淌之地。

饭桌在家庭空间中占据重要位置。三餐严谨，定时补给，是身体的需要，也是家庭塑造秩序的需要。惜食爱物的习惯、道德伦理的传衍、餐桌礼仪为客之道、祖辈故事日常琐碎、夫妻形态亲人关系，都会在这张饭桌上映现。

我没法无视这张饭桌承载的功用。它给我最初的记忆，不是用来享受食物的地方，而是一个受教的场所。父亲以传统父亲的威严形象坐在那里，若有所思，不动声色。为了唤起我对粮食的尊重，他喜欢在饭桌上翻来覆去叙述他缺衣少食的苦难童年，这让我吃饭的时候总觉得背负着莫名的罪恶感。为了让我成为一个规范得体的人，他规定我的筷子不论第一筷夹到的是什么，都

第四辑 性别与人生

得把它吃下去，饭碗里最后不能剩下一颗米粒。这都没有错。可在他严肃的注视之下，我在吃饭的时候总有担心，唯恐出错。

父亲几乎不下厨。采买烹饪洗刷工作，全在母亲一人身上，他只负责在饭菜上桌之后，在"吃饭了——！"的叫唤声中，施施然出现在饭桌旁，翩跹如养尊处优的君王。

他又极爱面子、爱热闹。在还没有那么多馆子可下的年代里，他无比热衷举办家宴——一张大圆桌，可以围坐十几人的那种家宴。没有帮手，十几个人来吃饭，从采购到搭配到最后的收拾清洗，全部是母亲一个人完成。他只负责在敲定菜式的时候，以决策者的身份表态，然后在客人到来的时候，异常兴奋地招呼应酬。

母亲一面在厨房忙得转不开身，一面应付穿梭往来的客人，还要在适当的时候，被父亲叫去饭桌边，像"上得厅堂下得厨房"的女人那样，陪客人喝几盅小酒。此时一定是一片赞叹声响起。父亲无比得意，为自己有这样一个全能太太。

一片狼藉之后，母亲最后一个坐上桌。她习惯性地挑一个低矮的位子坐下，这是因为她生性内向，也是因为她本来就认为，男人在前她在后，男人为主她为次。她显得自己是如此的不重要，如此的卑微，如此的符合她对一个妻子的姿态的理解。

可人是血肉情感做成，无法套嵌在所谓的模式中而真的无怨无尤，总有无数隐秘的地方，让委屈悲愤可以有倾泄的出口，倾倒之后，人才能活转过来，回到那个看似无懈可击的坚硬的模式之中。

逢年过节，一家人该选择哪张饭桌，父亲的态度异常明确，必须回他的老家，于是问题来了。

235

母亲有鳏居多年的老父亲,有和自己同样骨肉相连的姊妹,她的父亲和姊妹也希望她能回家过年。于是,每年她都要和父亲在这件事上争吵,每年又都是她作出让步。和父亲的亲属坐在一起,她始终郁郁寡欢。她心怀怨气,却又不善言词,和父亲家人的关系总是平淡生硬。何况人口众多的大家庭仿佛宫廷,说起来都是各种血亲,却免不了情感和利益上的明争暗斗,母亲老实笨拙,在这样的场合中,更是显得被动和紧张。所谓的团圆之夜里,饭桌上一团和气,饭桌下却是牵牵连连,蛛丝一般扰人的家庭矛盾。

父亲知道这一切,却以自己孝心为重,无视母亲的难过和尴尬。就算有一天,母亲在吃完饭后忽然消失了很久,去了不知道的什么地方,父亲仍然不改变他在除夕夜的选择。他丝毫不在乎,这张团圆的饭桌,掩盖了多少龃龉和对母亲的不公。

我无法替母亲代言,也无力对抗父亲,家长的世界是不向孩子开放的。可我有感知,有目睹,我从来就能感知顺从之下的异议,微笑背后的秘密,我也目睹了和睦之下的动荡,团圆背后的罅隙。隐藏的痛楚永远比可见的快乐更容易植根在我的记忆。

我时常想起那个夜晚,黑沉冰冷的夜里,母亲,这个认真努力地扮演妻子和母亲的角色,一刻也不曾怜惜过自己的女人,是否心中有凄厉的哀怨而不知表述,胸中有莫大的委屈和不公而不知向谁求解?她是否有痛哭哀嚎,以及瞬间可怕的闪念,在那不远的、危险的江边?

但生活的力量是如此巨大,它一个大浪打来,就消灭了所有悲痛的证据,然后一切照旧。

担任一定职务之后,父亲的应酬多了起来。经常出现母亲把

第四辑 性别与人生

菜烧好摆上桌,一个电话打来说不回家吃饭的情况。他从来就受制于传统的严父形象而疏于与我沟通交流,这下,他和我之间的距离更远了。他想让我和母亲感受他的成功,会带我们去他觉得不错的酒店,很在行地拿过菜单,点一些家里烧制不出来的菜式。这是他所理解的爱家庭的方式,尽管这方式可能不是我和母亲最想要的。

这样的父亲并不少见,如此的夫妻、亲子关系更是寻常,更多的人觉得这没有任何问题。

可我却在心中无数次呼喊:卸下饭桌旁的面具吧,取消一切可疑的仪式,让我们在父、母、子女的身份下解放出来,没有负累地、没有担心地、自由自在地做真实的自己:无能就无能,脆弱就脆弱,愤怒就愤怒。这是我对亲子、爱人关系的全部理解。但这样的理解,放在一个需要以身份构筑秩序的世界里,显得过于天真烂漫。

我终于厌倦了,我等来了那个抗议的时刻。

那是一个重大的时刻,一个蓄积太多难言隐痛的问题少女,鼓足勇气跟电话那头的父亲说:今年我不回去过年。

那一年春节,我在凤凰流浪。住在沱江边湿冷的吊脚楼里,看着窗下那条灵秀的江水以及除夕夜漫天绚烂的礼花,我感受到了空前的自由和轻盈。也就是在那个春节,在和很多陌生人一起庆祝新年的饭桌旁,在他们的故事里,我才发现,原来有很多的年轻人,和我一样,是亲情的困惑者,家庭的出逃者。他们心中有爱也有伤,他们独立而自省,他们徘徊在异乡的街头,以各种方式在寻找回家的路。毕竟,自由而轻盈的同时,是无依无靠,是流离失所。

也就是从那一年起，我的生活悄然发生变化。祖辈故去，亲属关系回归自然，父母年纪越来越大。这些变化影响到了我与父亲的关系。我的知识、经历日益丰富于他，我变得强悍、霸道，他开始不再对我的生活发言。一家人出去，我取代父亲，成了那个拿主意的人。

这并不意味着我们之间建立了我所期待的那种关系。我清楚地看到，我的进与他的退，只是形式上的。骨子里，我们都还是，也只能是一直以来的那个自己。

饭桌依然是父亲留恋的寻找存在感的地方。年轻时从家庭的饭桌上，中年时从官场的饭桌上，他找到了他所理解的一个男人应有的权威与尊荣，他依赖这些身份，自觉地进入这些角色，施展权力，收获满足，他已与这一套生活习惯排场仪式形同一体，绝不会在进入老年之后就忽然转变风格，成为一个散淡清澄的人。而且人年纪越大，越害怕孤独，何况是一个曾经被众星捧月，处于热闹中心的人。至于我，也依然痛恨一切伪装，依然执着地想要与我爱的人们建立深刻的心灵契约——而不是仅仅满足于懒惰的血缘关系。

所以，当"吃"成为唯一能将大多数只是血缘意义而非精神意义上的亲人聚集到一起的由头，当一张饭桌成为父亲继续延伸和寻找一家之主的感觉的道具，即便我知道这行为里浸满渴盼与思念，那些经年积累的记忆，仍会让我忍不住故意在饭桌上与他对抗。

我否定他对很多问题的看法，匆匆吃完不给他继续谈话的机会。我知道自己潜意识中有报复的念头，我始终恋恋不舍那个被亲情伤害过的自己，我爱自己的理想胜过爱自己的父亲。看到他的失落我有隐秘的快感，但我很快又后悔：惩罚他不就是惩罚我自己？这是一件两败俱伤的事情。而且，我有什么资格去惩罚他？谁又对他内心的缺口负责？

我又不愿意把他当孩子哄。他还是年轻的老人，并没有到是非不分的糊涂时候。我不是敷衍他，而是故意的抬杠，也许是因为我始终不愿意承认他已经老了的事实。拌拌嘴，作作对，反而有一种他依然强盛的感觉。

我之所以抵触他以丰盛的菜肴来邀请我于桌边落座，并不是因为还像孩童时那样，怕他借此机会对我进行说教，而是因为难言的悲伤：和我一起吃饭，或许已是他唯一可以体现自己，可以找到"家长"感觉的方式。

我总是记得莎士比亚笔下的李尔王。我曾经无比自哀地认为，自己就是那个其实深爱父亲却因不会说奉承话而被冷落的小女儿。最后李尔以生命为代价才换来对女儿，对爱的真正理解。我曾经发出叹息：是否只有永恒的衰老与死亡，才能填平相望却无法相爱的血亲之间那道永恒的横沟？但我后来发现自己错了。我其实才是那个刚愎自用众叛亲离的李尔，我被固执的理念蒙了心，疏远了亲情，自己把自己逼到了无路可走的境地。

我想回去。可是，路又在哪里？

一个人的美食之旅

做菜难免犯错。记忆里第一次犯错是炒丝瓜没削皮，因为不知道要削。父母不但没有批评，反而笑着把一整碗带皮丝瓜全部吃完。那大概是生平第一次给父母烧菜。我是他们唯一的孩子，几乎没有理由要学会做菜，那碗丝瓜完全靠的是平时对母亲的观察——没想到在处理食材环节就出了大错。可我并无挫败感，丝瓜有皮有什么要紧？只要烧菜时用心。用心，什么都很容易。

从母亲那获得了家常炒菜的基本要诀：油温，放盐和味精的时间，各种肉的切法，配菜的颜色与形状，最粗浅的摆盘。普通人家的食物，以养活、管饱为基础，也有自创的一些讲究，但与美食作家笔下的那些食物，终究是完全不同的两种存在。

只是女孩到底要不要学会做菜？母亲那辈人中仍流行着这样的担心，担心女儿将来为家务辛苦。如果不学，将来找个会做菜的男人，那男人又是否足够可靠？最简单的生存技能，附带如此多的思虑纠结，证明着那辈女性家庭生活的辛劳和经验世界的狭小。

而我从开始下厨的那天起，就没想过食物和婚姻、和未来的关系。一个人，一间厨房，二者间的关系完全可以简单到，仅仅就是想吃，或者，仅仅就是喜欢而已。

父亲不下厨，很长一段时间，我以为男人都是不下厨的。

真正一个人开始生起炉灶，是在师大教书的两年。那时研究生刚毕业，放弃了检察院的工作转去教书，图的是不需天天上班的自由。 当然也有天真的成分，以为学校会和机关终有不同。学校同样复杂的人际，让初入职场的我显得笨拙无比，听不懂话里的话，也不明白笑和愤怒，有时是必须的表演。

　　天真和笨拙的结果，就是最后分得的宿舍，是学校最差也最著名的一幢筒子楼中的一间。 据说很多知名学者和作家，都在那住过。 那幢楼根本是被有意遗忘的废墟，里外都是黑乎乎的，像遭过火灾一样的黑。 本就狭窄的楼道两旁，摆放的是每户的简易"灶台"：一张废旧桌子，将桌面切开，里面原有的抽屉空间剔除，正好摆进一个双头或单头的煤气灶，桌面放下，还可落锁防盗，充分体现大学教师的聪明才智。 两张灶台靠墙一摆，楼道中间就只剩一人宽的距离供人通行。 进到房间里，八平方米就是肉身安放之所。 厕所公用，没有洗澡间。

　　现在看来仿如噩梦般的环境，在当时却并不那么可憎。 也许是因为年轻，哪怕是吃苦，也有体验生活式的新鲜感。 那时，每天上完课，就会跑去宿舍不远的菜场挑一些菜回来烧。 就是在那时，开始喜欢上逛菜场，逛的时候眼里看着的是各种蔬菜肉食，脑海里想着的却是张爱玲的句子："看不到田园里的茄子，到菜场上去看看也好——那么复杂的、油润的紫色！"或者是《红楼梦》中的菜名：茄鲞、火腿炖肘子、酒酿清蒸鸭子。

　　我的八平方米小间对面，住着一对小夫妻。 丈夫是师大老师，有轻微小儿麻痹症。 妻子曾是他班上的学生，山东女孩，大方脸。 小夫妻虽和我同病相怜只得陋室一间，但那丈夫身上有被生活折磨出的些许匪气，有天就撬了同一层楼的一个空置房间，将其霸占为飞地，也没人敢来查。 平时他在飞地看书备课，做饭时间，女的会从我对面房间钻出来，就挤在楼道里，和我背贴背的洗菜、炒菜、说话。

隔壁有一女老师，单身。 也拥有一套同是前辈传下来的简易"灶台"，偶尔也加入我们行列。 通常小夫妻两个菜，单身女老师一个菜，我一个人有时会做三个菜，所以总是最晚一个吃上饭，也常被说笑将来会成为贤妻良母。 其时并不曾想象过家庭，也没其他特别爱好，既然会做一点菜，那么，摆弄菜式，琢磨吃法，就成了果腹之余的一种娱乐。 清新的蔬菜、蹦跳的鱼鲜，让那段初入社会的懵懂岁月过得倒也有滋有味。

那个时候每到周末，M会来看我。 馋的时候，会一起去市区一家叫"红玫瑰"的店吃香辣小龙虾。 要不就挤在八平方米小间里一起吃饭。

M也不下厨。 后来有了大房子，来了朋友，他在外招呼，我在还是毛坯的厨房里烧菜，在工人刷墙用的木架子上一刀一刀切土豆丝，经验不足地用过于大的碗盛装汤水很少的丝瓜肉片汤。 很自然地做这些，当时不觉得是爱，也几乎没说过爱，可能是因为自己的感受和文学电影电视里泛滥的"爱"，总有些出入。

分手时约定再不往来，从此相去十年没有只字片语。 偶尔无聊，搜他的新闻。 还是长发，络腮胡更密了些。 那家火爆一时的"红玫瑰"小龙虾店，应该早拆了，那幢大火烧过似的筒子楼，是真的已经刷新得像什么事都没发生过一样。

选择离开，选择新的漂泊。 旅途上，不断有食物让我和陌生人短暂相识或是相熟，然后再次分开。

有段时间，经常坐火车。 一次遇到一家三口，本以为不过是那种点点头就沉默始终的旅伴而已，后来，大概是他们递吃的给我分享，就说起了食物，说起了做菜。 原来那吃的是男人做的，

第四辑 性别与人生

一个面容模糊毫不起眼的小镇中年男人。女人在一旁,说他特别会做菜,前几天,还做了很多酱牛肉分给朋友。虽然认识一个已婚师兄会做一手好菜,身边会做菜的男人也越来越多,有个看着长大的小男生,去法国念书,假期到我家,问他是否追女生,他叹口气说必须要学会做饭,不然根本追不到,但火车上遇到的这一个男人,是少有的会带着无比愉悦、满足、甚至是骄傲的口气描述做菜过程的男人。

食物真是催化关系最好的酶。多少次和不熟的朋友因为说起了共同的爱好而忽然打破僵局。

在纽约遇到一个博物馆工作的姑娘,本来不过是初次见面,碍于有共同的一个朋友,两人只得没话找话地拖延尴尬的时间。不知怎么,就在沉闷得似乎都想逃走的时候,我们忽然说起了衣服。她那天穿了件无袖白底黑红格子棉质连衣裙,上身纤细,下面裙摆像有裙撑一样优美地张开。她那天的口红也配得极好,鲜艳的大红,和裙子上的红完全一致。我说你好像五六十年代美国女人呀。她眼睛一亮,马上不再介绍文物,转而带着我坐很长一段地铁,又穿过几条街去逛她常去的几家服装店。

这样的经历中,衣服扮演的,不过是和食物一样的角色。当我们在说美食与华服时,其实是在寻找同类和确认自己。它们有时会迅速地缩短一颗心与另一颗心之间的距离,彼此的背景、性情、趣味、爱欲,甚至彼此的过往与来生,都能通过对一种食物,一件衣服的感觉映射出来。看相,有时真不是什么难事。

开始喜欢按图索骥找美食,是旅行中的必然。起初只是为了让旅行不至于乏味,对食物本身,并没有孜孜以求的执着。有,很好。没有,也一样过。吃过的美食不算少也不算多。最好吃的食物还是每次回到老家后吃的那碗米粉。 汤底油辣刺激不健康，还是要吃。 大口地吃了，汗流到鼻尖上了，才真的回家了。

印象更深的美食，是初到伦敦的第二天早上。 我被一阵敲门声惊醒，迷糊中开了门，是一个漂亮的中国女人正端着一个托盘站在门口。 托盘里一碗白米稀饭，上面浮着几颗并未熟烂的红枣，旁边还有一包乌江榨菜。 接过那碗粥的时候，我手有点抖。 那是第一次一个人出国，没备什么食物，早餐的确是个问题。 那碗粥，就像是仙女送过来的一样。 后来知道，女人名叫爽儿，很早就随母亲来了英国，没有学历，从最底层工作做起，这让她漂亮之中带有的精明劲和风尘气有了来历。 她也爱做菜，爱做各式蛋糕，都是用最低成本的食材做出来的。 为了买到便宜海鲜，早上四五点就起床，开车拉我去很远的海鲜市场。

电影《双食记》海报

很多事情，并非天经地义。 从来不觉得可以心安理得地吃任何人为我做的饭，得任何哪怕微小的恩惠。 并不是矫情。 从食材到送进嘴的食物，过程里有太多劳动，有时间，有生命，有心意，有复杂的感情，我何德何能，可以浑浑然甘之如饴？ 所以，电影《双食记》里，妻子用相克的食物制毒，报复偷食的丈夫，那丈夫潜意识里多少应有点自愿送死的成分才对。

曾经有男性朋友给我做一桌饭。 他叫我到他校外租的房子，说要请客。 到了才知我是唯一的客人。 他一人在

第四辑 性别与人生

厨房,不要我插手。我不是麻木的人,隐约知道了那顿饭的意涵。菜做得可以说用心之至,是美味。可惜二人无缘,再见已是陌路。

吃好友老公为我做的饭,是少有无任何负担的享受。她老公爱做菜,在上海就无数回叫我上她家一起做饭吃。一起做饭,而不是一方在家宴请,是我喜欢的形式。后来真正实现这个愿望,却是在美国了。她全家去了美国,我也完全没想到可以那么快再见。她先是托人带了她老公亲制的麻辣川味香肠给住在另一个州的我,几个月后,我去了她们家,真正开始实践上海时的约定。

她老公做菜自由自在,有一些经验,更热爱发现与发明,寻常小菜总能烧得令人叫绝。教我烧豆腐,要炖到豆腐有孔,烧鱼时可放洋葱,任何食物一加生水就难吃,没有高汤就放黄酒,整瓶的放。我教他盐水鸭的做法,白切肉蘸料的配方。早餐在她家做 Pita 饼给他们吃,鸡蛋煎得蛋白焦香,蛋黄不粉不干,一咬下去大家都喊"鸡蛋煎得好吃"!他们还带着六只生猛大龙虾开车三小时到我住处,下车就直奔厨房,用重庆桥头牌火锅底料煮给我吃。清蒸最鲜美,但我们常常口味胜过理性。

食物让我们不会再分开。

食物让我永远记得他们的样子。

我在台湾时认识一个菲佣,名叫安妮,安妮到台湾四年,从没有回去看过她的两个孩子。她平时走路极为小心,必须要从面对面说话的两个人之间穿过时,会下蹲一下身子以不妨碍他人视线。她烧得一手好菜,很快就学会台湾菜,最让人欢喜的是,她不浪费食物,会将还能再吃的上一餐剩菜,改头换面得像个新菜一样端上桌来。跟她学,吃了很多她做的菜,从来没敢问她的两个孩子。

父母现在对食物、对口味只有一个要求,就是要煮得糜烂,食物不再是享受。药也比食物吃得更多。但每次见我,就要求吃我做的红烧肉或是酒酿鲳鱼,因为刺少。我做其他的菜,也都说好吃好吃,让我停不下来。说我宠他们,其实不是。从小叛逆,和他们积下好些解不开的怨,甚至记了仇,难以诉诸理智的情感的仇。父母,也只是父母,如有其他,如能做朋友,那已经是额外馈赠,不可以要求。所以,不需太多交流的食物,是最适合我的表达方式。每到外地,吃到什么,都想给他们带一份,北京的桃和苹果、南方的山竹、桂圆、荔枝,在最新鲜的时候成箱搬回来,做一世女儿,没撒过娇,也没听过话,只有做这些了。

得了 M 的最新电话,终于还是没有打。

做菜在我这里,终于没有像母亲担心的那样,成为一种负担,也没往另一种方向上走,成为家庭的快乐之源。我只是在做、在尝、在行走、在相遇、在别离、在艰难地爱、克制地恨、在流浪的间隙有一个停留下来的理由。食物与幸福之间的关系,我还看得不是足够清楚。更多时候,还是以为从食物到幸福中间隔着一个最重要的 —— 人。

食物不骗人,食物考验人心,食物还原人间百态,食物见证生死。

见过不再能进食的 ICU 重症病人,需要把喉管割开给身体注射养料。知道一位得道的高僧,觉知圆寂之日即将来临,提前放弃了进食。世间的旅行,与旅人相伴终身的,唯有自己。食物照见的,就是那永恒的孤独。

第四辑　性别与人生

香港一夜

油麻地夜景

一

人越来越多，往我身上压过来。 我蜷缩在角落里，手脚被周围的人缚住，只有头还能转。 我呼吸困难，身体开始不受意识支配，我的心脏被人捏得死死的，很快裂开了一道口子，我这是被活埋了吗？ 身上的人越来越重。 我马上要死了吗？ 再多一个人压上来，我的心脏就要从喉咙里挤出来，连着一团模糊的血管和一些黏稠的、肮脏的液体。

我吓坏了。 根本没法求救，车门旁的贴纸上写着：如有不适请到下一站求助。 如果下一站到来之前就死了呢？ 在那么多人中间，那么容易地就死了，究竟是谁的耻辱？

现在是香港，下午六点，地铁中环站。

想起精神科医生的话：你有严重的抑郁症、幽闭症和人群恐惧症，可能和你说的童年经历有关。 在某一个年龄，各种病症会集中爆发。 你的身上会发生什么事，难以预料。 学会和他人建立链接,也许会有帮助。 记住,我指的是,没有怀疑的、无条件的和他人建立深度链接。 把家里的镜子都销毁,出门也少照镜子,不要和镜子里的人说话,去和真实的人建立链接。 对,你形容得也没错,就是忘记自己的处境,不要反思生活,接受它,像笼子里的猴子那样。

怎么建立链接? 和跟我同样被挤在门边的女生说话吗? 她在玩手机,连帽衫的帽子遮住大半个头,她身上的一切信号显示,她对外界是关闭的。

二

小麦,你要多向雅静姐姐学习,雅静姐姐考上研究生了。

麦妈妈盯着正低头吃饭的小麦,一脸严肃地说。

小麦哦了一声,头也不抬,继续把脸埋在碗里。 比她高半个头的雅静和她并排坐着。

孩子正吃饭呢。 雅静妈妈微笑着劝止麦妈妈,脸上带着克制不住的骄傲,她瞥了一眼正低头吃饭的雅静。 雅静妈妈从小就教育雅静,到别人家做客要有礼仪。 不能身子趴在桌上,要端起碗,吃东西的时候不能有声音,夹菜的时候也不能在碗里挑拣。她看到雅静的手指,也是洗得干干净净,指甲修剪得圆滑又整齐。

雅静妈妈对此很满意,想起应该也夸夸小麦。

小麦的成绩不是也很好吗?

她成绩还行,高考模拟考试也考了前十,就是数学还差点,还需要请人补习。

你们想让小麦考什么专业?

第四辑　性别与人生

金融啊，当然是金融。我和他爸唯一有共识的，就是这个。本来也想向雅静学习，去学法律，但她爸爸不是金融界认识的人多嘛。

这样考虑问题是对的。不像我们，法律界没有认识的人，以后都帮不上雅静什么忙。

你们不用担心，雅静这么聪明，这么乖，以后一定不用你们操心的，你们就等着享福吧。

三

油麻地到了。我一度担心，到站后我会挤不出去。好在之前的几站下了不少人，到油麻地时，人墙明显疏松了许多。我奋力拨开人群，在车门关闭之前成功挤出车厢，冲到了站台上。

一到香港，我就和 Maggie 联系。

去吃日料？她问。

不要，要吃煲仔饭。

那就油麻地。她说。

按照她的指定，我从地铁闸口出来后，径直往 C 出口走。很多人与我同一个方向，如同放生的鱼，一个劲地往前冲，往地面上涌。

新鲜空气一点点灌进了我的肺。我的呼吸开始变得正常，我走上了通向地面的楼梯，在楼梯尽头，一眼就看到已经等在那的 Maggie。她站在一个巨大的垃圾筒旁边，在她和我之间的空气里，飘着一缕尚未散尽的烟草味。

眼影。她身上最先被我看到的部分，是眼睑上涂抹的咖啡色眼影，很浓。她居然涂眼影。是想让自己显得成熟一些还是觉得这样的自己比较好看？ 不知道她是怎么考虑这件事的。 反正，不管她化不化妆，化多浓的妆，我还是能在人堆里，一眼就认出她来。

我认为自己应该拥抱她，可她站立的姿势让我有些畏怯。 就像地铁里我身旁的那个女孩一样，她懒懒地站着，也不正眼看我，好像我是个若有若无的存在。 她的身体向我关闭，我没法和她建立链接。

你知道吗 —— 为了化解这股不知从何而来的紧张，我开始大声诉说刚才在地铁里差点死掉的经历。

你在上海没挤过地铁吗？ Maggie 这才正眼看了我一眼，像看到怪物一样，硬硬地扔过来一句话。

我闭上了嘴。 我好像从来没跟她说过，在上海，我很少出门，万不得已要出一次门，得做很久的心理准备。

走吧。 她似乎没有继续了解的愿望，转过身，领我去吃饭。

我看到她短发齐颈，染了深褐色，还是说，她本来的头发就是这个颜色？ 傍晚六点半，渐黑的天色下，我的记忆有了色差。 她上身罩着一件流苏披肩，招摇得很，一双裹着黑丝袜的长腿从披肩下面伸出来，细高跟半靴，走路嗑嗑地响。

第一次看到这样打扮的 Maggie，新鲜感让我有点兴奋。

从地铁口走出来不到 50 米，就来到一片人声吵嚷的区域。 这里没有光亮笔直的摩天楼，只有一家连着一家的并不高档的小饭店。 竖条的大招牌，上面的字被五色的灯泡装饰着。 很多店铺的饭桌已经摆到了街面上。 简单的方桌与平头凳，坐满了在吃和等吃的人。

就这家吧。 Maggie 在一家吃煲仔饭的店前站定，店门口的位

第四辑 性别与人生

子已经坐满了人，Maggie 带着我熟门熟路地往店里钻，店里也坐满了人，她不管，继续往里，经过收银台和厨房，到了再也没有路可走了，就看到了两张小桌，挤在一个长形的狭窄空间里。

好在还有一张桌子空着。我放下双肩包，在 Maggie 对面坐下。

虽然我已经适应了她的妆容，可我还是有些不敢正视她。她在香港已经很多年了吧，她的打扮，她的自在，还有那副什么都不在乎的神情，应该是香港给她的吧？我们曾经共同经历的那些时光，在她身上似乎没有留下任何印记。她偶尔会看向我，但那眼神是有些飘忽，有些陌生的。我找不到我记忆中的她，我不知道该怎么和面前的她建立链接。

四面八方的粤语包围着我，我只能听懂少量的音节。Maggie 用熟练的粤语跟点单的阿姨说话。你要腊肠排骨饭是吗？她用普通话跟我确认。

是的。

腊肠排骨饭。她又用粤语跟阿姨翻译一遍。

四

小麦和雅静两家常约着一起去烧香，在每年的年底。

雅静爸爸有点迷信，深信曾经有个心愿是菩萨帮他实现的，所以每年都要去还愿。麦爸爸做生意的，也跟着去。在一次成功的投资之后，他也跟着信起了菩萨。两家人于是每年就约着一起去庙里。小麦和雅静从小学时就一直跟着，一跟就跟了好多年。

麦爸爸在财神殿里逗留的时间最长。财神殿出来没多远，就到了文曲殿。麦爸爸和麦妈妈一齐转过脸，看着小麦。小麦乖乖地掏出爸爸事先给的钱，往捐钱箱里塞钱。

小麦，要向雅静姐姐学习，知道吗？看着小麦塞了钱，磕完头，麦爸爸每次都不忘补上一句。

雅静不太清楚，每次麦妈妈麦爸爸说这些话，究竟是出自真心，还是因为客套。看样子，并不像客套，他们好像真的很关心小麦的学习，觉得学习好，成绩好，就是对小麦的唯一要求。雅静是姐姐，恰好成绩又一直不错，看起来也是个规范听话很符合他们期望的孩子，所以只要雅静在场，就必然成了他们用来激励小麦的榜样。

雅静很不乐意成为他们口中的那个"榜样"，因为她知道自己不是。她甚至有些憎恨他们口中的那个"榜样"，那个"榜样"是一个伪装，也像一个咒语，时间越久就让她越难以摆脱，但她已经习惯了沉默，她拿眼睛偷瞄了一眼小麦，小麦比上次见面时长高了一点，剪了一个很短的男孩头，显得特别帅气。

小麦显然没理麦爸爸在说什么，她嘴角似笑非笑，正盯着雅静看，看得雅静的脸上一不小心浮起两团红晕。

五

生意太好了，等了好一会，煲仔饭还没上桌。

在等待的时间里，我一直在努力搜索合适的开场白。我应该和 Maggie 很熟才对，我们有相同的故乡，讲一样的方言，有共同的记忆，还有一个只属于我们的秘密。可是，这一切并不足以让我们真正熟悉，我们从一开始就是在并行的两条轨道上行走，从不曾介入过对方的生活。

第四辑 性别与人生

最近怎样？ 我憋出一句话，问她。

还不是老样子。 我妈还是老是催我找对象结婚，说人应该在什么年纪做什么事，还冷不丁跑来香港查我。

哦，是吗？ 我想起她妈妈的样子，真的是很像说这样话的人。

是啊，还希望我再继续念个学位。 念什么学位啊，我已经为她念了两个学位了，她还想干嘛？

Maggie 一脸的不屑，一说起她的妈妈，她就来气。

我没法说什么，我太能理解 Maggie 的心情，我同样也能理解她妈妈的心情，我只是习惯了沉默。

那你自己呢，有什么计划？ 我问。

没什么计划，就是上班，然后，继续玩我的乐队。

哦，乐队。 我重复了一句，忽然有些明白，Maggie 为什么会是今天这样的打扮。

饭终于端上来了。 用得是很旧的砂锅，上面一个铝制锅盖，揭开来，一根腊肠和几块排骨躺在白米饭上，和店里其他人吃的饭的颜色不一样。

淋上酱油才好吃。 Maggie 看出我的表情异样。 我恍然大悟，马上给米饭浇上酱油，再用勺子将米饭连着锅底的锅巴，一起拌起来。

好香。 我舀起一口饭送到嘴里，忍不住赞叹。

Maggie 也在给饭拌上酱油，但拌得很随便，不像我，认认真真，恨不得把每一粒米都拌上。 她来香港八年了，包括念大学和工作，她已经吃过无数碗煲仔饭，她的兴奋劲，早就过去了。

你怎么样？ 她嘴里含着饭，忽然问我。

我?

我怎么样? 我该从何说起呢?

还好吧。我含含糊糊嘟囔了一句,赶紧捂着嘴,怕米饭会跑出来。

六

小麦家里聚会,雅静跟着父母一起过来了。

透过人群,雅静马上发现小麦那双闪亮的眼睛,正热切地看着她。

走,上我屋里去。小麦大大方方地走过来,拉起雅静的手。

大人们欣慰地看着她们一起离开。这真是两个懂事的孩子,在雅静的影响下,小麦一定也会成为一个知书达礼受人喜欢的孩子,麦妈妈很开心地说。

小麦的卧室很大,一进去,小麦就把门关上了。

雅静的脸红红的。

小麦拉着她的手在床边坐下。

我就要去香港念书了,你没什么要跟我说的吗? 小麦问雅静。

我应该说,小麦,你要好好学习,像你的雅静姐姐一样,考上研究生。雅静拖长了音,故意模仿麦妈妈的口吻,回了一句。

小麦哈哈大笑,笑得差点喘不过气来,笑完,她把头凑到雅静耳边,语带双关地低声问,那你说,我究竟要不要向你学习呢?

还没等雅静回答,小麦就把嘴贴到了雅静的嘴上,像以前那些不为任何人所知的时光里一样,带着一股神秘而灼热的气息。

第四辑 性别与人生

七

饭吃完了。锅底上还粘着很多没刮干净的米粒。

我不知道还能和 Maggie 说什么。

我确定我和她是熟悉的,我也确定,此时此刻,我们是陌生的,她已经不一样了,我也是。

有空多回去看看你妈妈吧。我知道这样的话很无力,可我还是得说。

我会的。我还是每个月会回一次内地,去看她。Maggie 不是笨小孩,她妈妈和她爸爸的关系究竟怎样,她不可能不清楚。

店里的阿姨过来收碗。我们识趣地付了钱,走出去。

街面上的人比来的时候要少了许多,不过还有一家店,有一排人坐在墙角等位。

我们都还没有去意。可是,我们又能往哪走?

Maggie 从包里掏出烟,递给我一支。

我接过烟,还有她递过来的打火机。

在过去的一天里,我努力地感受着香港,这座我曾经在港片、在粤语歌、在明星八卦里感受过的城市。机场出来,我坐上了靠左行驶的巴士,我看到了青马大桥,我听到港人说的并不标准的普通话,我的钱包里有让我犯糊涂的不同面额的硬币,我看到街道非常干净,我在半夜里醒来,看到酒店底层的游泳池还泛着蓝幽幽的光。我在书店里,看到了大陆不出版的禁书。我在下午六点的地铁里,差点晕倒。可我依然没有觉得我是在香港。

而此刻,我是如此自然地接过了 Maggie 递过来的烟,和她并立于这最市井的一角。 我们拥有的过去是否可信已不再重要，重要的是，我们同样要面临未知的将来，就在这一瞬间，我忽然觉得，Maggie，还有这个城市，在逐渐地真正地向我打开。

八

其实所谓故事，就是我和你。

第四辑　性别与人生

| 你说，人有来生吗

一

你说，人有来生吗？ 十四岁的小诗怡冷不丁问我，用她口音很重的湖北普通话。

我吓了一跳，脊背有一丝冷风掠过：这才多大的小孩，怎么就问出生死轮回这么阴森的问题？

二

诗怡是我的小侄女，成长在鄂中农村。 诗人余秀华网上成名后，我才发现，原来余秀华所在的钟祥石碑店村和诗怡生活的村子相距并不远。 难怪，在余秀华的访谈里，看到村庄里那一畦畦自种的菜地，沉闷的砖瓦房，以及神情木然的村民，会觉得异常熟悉。

第一次见到诗怡之前，我已乘坐长途车，经过了好几个与这几乎一样的村庄。

菜地、树木、稀疏的房屋，如同按下重复键的录影带，不断在我视野中循环。 当我枯烦得快要睡着的时候，在一片农田的尽头，显现出一条灰色的水泥道路，道路两旁是整齐的两层楼联排平房。 七岁的小诗怡在靠近路口的一套平房里，正好奇地等待我的出现。

当地政策是，第一胎是女儿的话，五年后可以再生一个。 所以和诗怡在一起的，还有一个两岁的弟弟。

诗怡脸型像她母亲，狭长小脸，颧骨处微微外凸，眼睛不大，两条小鱼似的，带着小娃娃的纯澈和灵性。她两条小辫梳得整齐，身上的衣裤不是什么名牌，却干干净净，是精心搭配过的。再看她弟弟，也是一样。不像我曾经见过的一些农村孩子，甚至也不像一墙之隔的邻居孩子，衣服围兜胡乱套着，脸上总有一把没擦干净的鼻涕。

这跟她父母有莫大关系。诗怡父母是"新一代农民"。在她没出生之前，这对同乡的年轻农民曾一起外出打工。男的利用当兵时学到的开车修车的技术，替一个在广州做生意的老乡开车。女的初中毕业后学过一年电脑，在广州的码头做货物登记工作。生下诗怡后，他们还有很长一段时间继续在广州打工，还一起去过深圳香港旅游。

替人开车不是长久之计。诗怡父亲头脑灵光，瞅准机会，和几个有同样闯荡经历的老乡合伙，承包了一辆40座的大客车，往来村子与省城之间。她母亲本来就能干，留在家里接应，每天照料男人们的吃住，也算入伙。大客车晚上回来，就停在两层楼的平房门前。为了出行方便，诗怡爸爸还花几千块买了一辆报废的红色雪铁龙，修理喷漆之后，留在家里备用。一家门前，停了一大一小两辆车，管它是自己的还是不是自己的，是报废的还是簇新的，在当地人眼里，已经是富裕的象征。

见到我时的小诗怡，害羞又好奇，她试探着跟我亲近，要我跟她讲故事，但很快又没了兴趣，跑去别的房间看电视，看她喜欢的"喜羊羊与灰太狼"。电视有两台，一台大的在二楼她爸妈房间，一台小的在一楼她爷爷奶奶房间，她喜欢在一楼看。她由爷爷奶奶带大，晚上也是和爷爷奶奶睡一张床，虽然那房间光线昏暗,堆满了老人攒的各种有用没用的零碎,但她还是喜欢坐在乱糟糟的床上看电视,一看就入迷,动也不动。

她心思就不在学习上。 她父亲老这样说她,一起吃饭的时候,有外人在,也这么说,我看她读书是不行的,她父亲断言。

诗怡妈妈很不喜欢老公这个习惯,每次一听到这样的话,就立即反驳:我家诗怡还是很不错的。

诗怡有时一声不吭埋头吃饭,有时会睁大眼睛看着大人,眼睛里带着不解,脸上露出一丝呆憨的笑容。

三

第一次见诗怡的时候,我还见到一个永远也忘不掉的男人。

那是一个父亲。 知道我是大学老师后,跑来诗怡家找我。

我当时正在那间有了车队之后新加盖出来的厨房里,厨房采光不好,大白天也要开着油黄的白炽灯,那个父亲从屋外走进来,我看到了一个黑乎乎乱糟糟个子瘦小的中年男人。

他实在太脏了。 衣服皱巴巴,看不出颜色,也许一年四季他就穿着这一身从来不脱,他的头发也一定很多天没梳洗了,板结成一块一块的黑团,说他是一个乞丐,也不会有人怀疑,当他在我面前坐下来的时候,我发现,其实他的五官长得很好,小脸,浓眉,眼睛大而略凹,鼻梁挺直。 如果他好好收拾一下自己,再学点城里人的谈吐,真的会是一个美男子。 但是很不幸,容貌在他身上显得如此的不协调,如此的多余。

我有些好奇地看着他,发现他手里拿了一个纸卷,要给我看。 我打开来,是一份判决书,判决书里讲了一个很血腥的故事,一个在深圳打工的年轻女孩,和一个有妇之夫好上了,男人不离婚。 有一天，女孩包里揣了一把水果刀跑上门去，家里只有男人已怀孕的妻子在。 争吵之间，水果刀忽然出现，妻子倒地，一尸两命。

那个被判决死刑的年轻女孩，就是坐在我面前的这个中年男人的女儿。 女孩也是成长在这个村子里，年龄稍大一些就跟着老乡一起去了深圳。 从中年男人的情况来看，这家家境一定相当糟糕，没准还靠着这个打工的女儿给家里寄钱来维持生计。 不需要这男人开口，我已经明白他来找我的目的。 他也确实不需要开口，那浑浊的口音我听得很费力，这些都不让人意外，让人意外的是，他虽然主动来找我，但他的表情麻木，一双好看的大眼睛就像两个深不见底的黑洞，没有光，没有人气。

带着一把刀到情人家里 —— 如果可以证明，这刀不是故意带上的，如果还有其他证据表明，这女孩是出于正当防卫，如果……也许可以免去一死。 但这需要绝对强势的法律支持，包括律师的，司法系统的。 以这个家庭的现状，估计很难承受寻求支持过程中的种种付出。 以我的能力，也不可能给这个父亲以可靠的帮助。 我怯懦地，不敢直接说出自己的无能；兜圈子，无疑是更混账的做法。 我都不记得自己后来究竟说了些什么，然后，那个父亲拿着判决书，起身走了，神情和进来时一模一样，没有伤心，也看不出痛苦。

四

第二次见诗怡时，她刚过十岁生日。 按当地特别看重小孩"满十岁"的风俗，她爸妈给她操办了一场堪称豪华的生日宴。 宴会上搭建了一个简易舞台，舞台上是粉色气球扎成的半圆形拱

第四辑 性别与人生

门,拱门之下,有歌手演唱,有小朋友的舞蹈表演。宴会结束,还带她在镇上影楼拍了一套儿童艺术照。拍完之后选了几张放大,贴在正厅的墙壁上。

照片是用一种光面的彩印纸制成,小的有挂历那么大,大的占去了半面墙。早期在城市里流行起来的艺术照,追求的效果就是所有人都化妆成一个样,越不像本人越受人欢迎。小镇影楼延续的依然是这种风格,但在妆容、服装、布景和配色上,走的是颇具代表性的一种乡土审美路线。这种审美路线,在著名的动画人物——喜羊羊和灰太狼上可以看到,在那种给儿童坐的投币摇摇车上可以看到。诗怡妈妈曾经推荐我听一首歌,那首歌旋律强悍,经年不忘,歌词也是通俗易懂张口就来,那是著名的《爱情买卖》,歌词里唱到:"爱情不是你想买,想买就能买,让我挣开让我明白放手你的爱。"后来我也听诗怡唱过,唱得很开心。

色彩鲜艳的大照片上,诗怡穿着影楼提供的劣质但拍摄效果很好的各式服装,嘴唇红得像染过红药水,她当然很喜欢这个时刻,笑得比往常更肆意,完全就是把自己当成了小明星,很多人都说她像章子怡,她妈妈在边上讲解。

儿童艺术写真进入了农村孩子的生活,各种少儿兴趣班也跟着办起来。诗怡一见到我,就跟我秀她新学的舞蹈,她把脚尖踮起,前后走了两步,两只手臂跟着脚步在胸前交叉挥动了几下。这是国标舞,她告诉我,是她从镇上的少儿国标舞培训班上学来的。

我仔细研究了一下她的动作,问她,还有没有其他动作?她想了想,摇摇头。

明天就要汇报演出了,她接着兴奋地告诉我。

你看,这是她们的彩排,诗怡爸爸把手机里录的视频举给我看。 火柴盒大小的画面里，三排穿着天蓝色高开叉紧身连衣裙的女孩子，在随着节奏摆动手臂。

她们长得都差不多，都像诗怡，又都不像，而且，她们手臂老在摆，摆得我有些头晕。 诗怡在哪？ 我忍不住问。

那个那个，就那个。 队形在变化，诗怡爸爸的手指也变来变去，最后，我终于辨认出，那个主要站在第三排，偶尔会在变换队形时站到第一排来晃一眼的小女孩是诗怡。

明天在哪汇报演出？ 我问。

在镇上哩，她爸爸说。

镇上离村里有一些远，没有公交车，怎么过去呢？ 我问。

诗怡爸爸指了一下门外停着的那辆四十座大客车。

第二天傍晚时分，空荡荡的大客车载着家里的八个人，驶出门前停车场，开上了宁静的乡间小道。 我坐在前排，有坐在坦克上的感觉，威武而又气派。 路上经过一块似曾相识的农田，记得在那附近有个水塘，是村里的"游泳池"。 有一次我歪歪斜斜地骑着自行车跑去看个究竟，发现所谓的"游泳池"真的就是很小的一个水塘，男的女的穿着贴身内衣就往下跳。 水塘里，一个个脑袋冒出来，和池塘边经过的村民说笑。 一个中年农妇坐在池塘边，赤裸着上身，一只手掀起一个布袋般耷拉的乳房，一只手在搓乳房下的泥垢。

不过十分钟的车程，我们很快就到了"镇上"举行汇报演出的中学，里面已经聚集了不少村民，有几个我看着还挺眼熟。 大家集中在一个拉着写有"某某少儿国标舞培训班汇报演出"字样横幅的水泥舞台前，不知道在期待着什么，气氛热烈而带着一丝神秘，好像有大事要发生。 天气有些热，很多人拿着蒲扇，有

第四辑 性别与人生

人从我身边经过,肆无忌惮地上下打量我,试图考察我的来历。

开场的时间早就到了,主办方还在拖延,一直拖延到舞台下已经站满了人。

终于,演出开始,一组组节目依次上场。 不同年龄组的孩子,穿着颜色略有差别的服装,跳着和诗怡一样的动作简单雷同的"国标舞"。 台下的村民们,有的在很着急地搜寻自己的孩子,有些就一直抬着头,面无表情地看着,上场时鼓掌,结束时也跟着鼓掌。 诗怡早就换上了花钱购买的紧身舞蹈服和银色舞鞋等待上场。 她的节目比较靠后,等到她上场的时候,观众们已失去了最初的好奇心,一副要散场的样子。 只有诗怡爸爸妈妈,高举着手中的智能手机,等着为诗怡拍视频。 就像之前她爸爸给我看到的一样,在诗怡这一组的表演里,她站在很不起眼的最后一排,不停地重复曾经跟我示范过的那个"国标舞"动作。

我彻底失去了耐心,但还是假装很投入地观看,不停地在一旁说,好,诗怡跳得真好。

五

从诗怡家回到上海不久,我见到了一个比诗怡大很多,来上海参加艺考的女孩。

女孩叫小凤,和诗怡来自同一个地方,但和诗怡不同的是,她是镇上长大的小孩。

决定参加艺考,是因为小凤个子高,脸盘漂亮,声音也好听,在学校里一直是文娱委员,加上小凤自己也有当主持人的理想,长年在外做生意赚了不少钱的小凤父母,于是倾尽全力,想成全孩子。

时代镜像中的性别之思

在机场接到了小凤。也许是之前在对她的介绍中,"漂亮"这个词出现频率太高,人为提高了我的预期,当见到小姑娘本人的时候,反而觉得她长得很一般,不过就是标准的小瓜子脸,皮肤白一些吗?很多大城市里长得一般的女孩,学会了打扮,加上天然的自信,走出去也会给人"漂亮"的印象,但小凤身上没有这种自信,她有些胆怯,穿得也一点都不时尚,就一件灰色棉外套把自己裹得严严实实的。说她想考主持人,可见面之后,她几乎不主动和我说一句话,上了车就缩在后排,低着头,一副没精打采的样子。

车开出去好长一段路,我都怀疑自己是不是接错了人。从后视镜里偷看她,依然想象不出这是一个来参加艺考的孩子。

以前接触过的参加艺考的孩子,无一例外,都具有脸皮厚、人来疯的特质,话多,爱表演,最不怕的就是别人的嘲笑。可是小凤一点都不像这些孩子,难道她是一个特例?

小凤爸妈知道考艺术院校不容易,中间少不了花钱送礼铺路,可他们愿意。不花钱不送礼,他们反而心里不踏实。钱就这样,清楚地、不清楚地、几千元上万元地花了出去。

可惜就只见过小凤一次,后来所有的事情,我都没有参与。我也不知道,当小凤在上海住下来,对环境渐渐熟悉之后,是不是会慢慢展开眉,抬起头,挺起胸,把她独有的小镇姑娘的纯朴之美,如煦暖的春风,一点一点释放出来。

结果不让人意外,小凤没有通过最后的面试。听到的一个让我信服的理由是:她的身体打不开。站在一众考官面前的小镇女孩,容貌清新,朴素中自有一份属于她的美,但她的身体,却如冬眠的寒虫,生硬、隔绝、释放不出一丝一毫要与这个世界对话的意愿。曾经听一个专业老师说,学表演的人,要学会"当众孤独",也就是说,你在表演的时候是有人观看的,但你要学会忘记观看的人,进入自己所相信的世界,进入规定情景,你自己就是全世界。

这样的素质,不完全出自天然,还需要后天的培养,需要有人打开和雕塑她的内心,让她自信、蓬勃、自由自在,如随时可以展翅的小鸟。有一个著名的主持人,那个老师告诉我,她出生教育世家,她父母在她很小的时候,就开始请北京的专业老师一对一地跟她进行辅导。

小凤站在那个有陌生人观看的世界里,一定体会到了孤独,但那和"当众孤独"是完全不同的状态。小凤的孤独,和"表演者"的孤独,隔着的不只是物质的重洋,还有无数个迈不过去的沟壑山峦。

六

你说,人有来生吗?

十四岁的小诗怡还在等着我的答案。

你为什么这么问?我反问她,我很想知道,究竟是什么事情,触动了她的这根神经。

是《天天有喜》啊,那里面,刘四喜和九妹有三生三世的姻缘。诗怡说。

原因竟然是这个!我差点被噎住。我还在想,是不是因为我跟她讲了汤显祖和莎士比亚,比较了《牡丹亭》和《罗密欧与朱丽叶》,她才想起问这个问题。没想到,她联想到的,却是这部豆瓣上打分 3.1 的"奇幻神话偶像剧"。

时代镜像中的性别之思

也许是她闷坏了,所以对电视剧更加着迷? 她小学毕业后,按当地规定,只能在本村的初中念书,那所初中被认为质量奇差,孩子一送进去就废了。 她父母于是花大价钱,把她送到了一所路途遥远的全封闭的私立寄宿学校读书。 那里没有电视看,一个月只能回家一次。

她父母的钱赚得很不容易,客车生意越来越不好做。 她爸爸换了开长途货车。 东南西北的跑,特别辛苦。 那所收费昂贵的"私立贵族学校",在多大程度上真的在进行"贵族教育",她爸妈心里其实也没底。

寒假里,我从朋友圈里看到,有的朋友带着女儿去参加认知神经研究所的"探索大脑"冬令营、有的带着孩子跟着围棋名师在山里继续深造、有的带孩子参加了绘画老师组的"敦煌团",跑去敦煌临摹壁画。 而我的小诗怡,认认真真地带着近视眼镜,一刻也不离开地在追一部新剧,叫《妈妈向前冲》。

第四辑　性别与人生

一个女人的命理学

一

母亲从老家来上海过年。和往年一样，她给我背来了一大包土特产和一大堆老家的故事。自从 16 岁离家到外地念书，母亲就自作主张充当起了老家的谍报员。在那座我生活了十几年的小城里，但凡发生了什么事——家门口信用社离奇爆炸，街边小诊所打青霉素忘做皮试一针下去人就死了——她都喜欢第一时间通报一千公里外的我。电话打过来，"最近怎么样"之后，马上转为"哎，你晓得吗？"至于我想不想听，在没在听，她才不管。

"美姨要离婚了。"

屁股刚沾上座椅，她就给开车来接站的我扔过来这么一句。

"嗯？"我眉头一皱，脚下油门松了半寸。

"她老公外面有人，要和她离婚，还问她要 30 万元。"母亲自顾自地说，眼睛看着窗外不知什么地方。

没等我回应，她又补上一句，"兄弟姊妹都劝她离，早离早解脱。"

我哦了一声，不再吭气。

这是我和母亲常见的对话方式：不知怎么开始的，忽然一下就结束了。

只是，美姨的消息没像母亲曾经播报的家乡快讯一样，在我耳边一啸而过再无踪影。这个消息如同千里之外飞过来的一只暗器，让身体里那个依旧敏感脆弱的我毫无防备应声倒地。 一位多年未见的阿姨的消息，为什么还有如此迅猛的毒性？ 我开始觉得有些奇怪。

我努力在脑海中搜寻与美姨有关的片段，并试图将片段拼贴成一个完整的故事来给自己的异常反应以解释。 遗憾的是，这些片段一部分来自母亲讲述，一部分来自我的记忆。 我不敢保证母亲的讲述一定属实 —— 她酷爱传闻，对真相并没有好奇心。 我也不敢保证自己的记忆一定不出错，那毕竟是很久以前的事了。

二

母亲常说美姨命不好。 对于一切超出她理解能力的事，她都习惯以"那是命"或"说不清"来对付。 发生在美姨身上的事，在她看来，大概也是命，而命是说不清的 —— 对于说不清的命，能有什么脾气？ 所以每次听母亲说起美姨的事，哪怕是说到最惨的细节，她脸上也异常平静。

如果真有命这件事，美姨20岁之前的命应该说还挺好的。

美姨出生在我们那个城市中一个殷实的家庭。 她爹念过大学识得洋文，是水利工程师。 她娘是干什么的，母亲始终含糊其辞，只知道她娘的家世不错，可能和一个新中国成立后投诚的国民党将领有点血缘关系。 母亲小时候曾见过美姨穿着漂亮的小裙子、白长筒袜和小皮鞋坐上一辆大轿车，说是要去那个将领家做客。

干水利这行经常到外地做勘测，她娘跟着她爹到处跑。 她爹四处勘测的同时还不停地播种。 她娘似乎除了不停生孩子，就没干过别的事。 美姨三个姐姐，生于三个不同的地方。 为纪念自己曾经战斗过的地方，她爹分别用三条河流的名字给女儿取名：

第四辑 性别与人生

汉（汉江）、湘（湘江）和沅（沅江）。

到了生美姨的时候，国家正在"赶英""超美"。她那紧跟潮流的工程师爹，索性给四女儿取名超美。美姨于是成了当年出生的无数"超美"中的一个。生完她后，她娘又生了一女两男，最后心脏病突发死在医院，那一年美姨才16岁。

她娘在世的时候，最疼的孩子就是美姨，这可以理解。一是美姨长相传承了爹娘二人的优点，脸蛋像她娘，大眼睛尖下巴，身材像她高瘦的爹，细腰长腿。二是美姨极聪明，做菜洗衣踩缝纫给弟弟热奶喂饭，她不仅一学就会，而且不用她娘开口，就会提前把需要的东西递到跟前。

美姨在学校也得老师喜欢，不只文化课，体育课成绩也好，一双长腿，很多项目她都占优势。曾有人到小学里挑芭蕾舞苗子，一眼就看中了正在跑步的美姨，那人上她家给她爹娘做工作，说天生条件这么好不学舞蹈实在太可惜。她爹娘死活不答应，说女孩家不能靠跳舞吃饭，得学个实用手艺。

美姨于是就上了会计学校。她脑瓜儿灵，学得很快，别人借方贷方还没整明白，她就开始自学后面的章节。会计学校毕业，她去了她爹的单位，做了专职会计。

说起来，美姨的命真是不错，一直顺顺当当，没吃太多苦，三个姐姐没这么好命。号召知识青年到农村去那会儿，按政策，家里有姊妹的可只去三个，最后三个姐姐去了，三个皮肉细腻的年轻女孩在农村里一面牲口般地在地里拉犁耕田，一面担心害怕各种侵扰，她待在城里，躲过一劫。

命是说不清的。这是母亲一生总结下来的真知灼见。20岁前，美姨一路顺利，20岁后，她的命像攀到最高处的过山车，忽地陡转直下。不同的是,她的命没能像过山车那样最后回到平地,而是湍急如瀑布,无可挽回地向下,向下,下到很低很低,别人看不见的深渊的最深处。

三

会计工作做了几年,单位同事开始介绍对象。 介绍好几个,美姨都不太喜欢,直到遇见一个叫建钢的小伙。 小伙漂亮,高鼻深目,有西域少数民族的气质。 第一次见面,美姨就有些喜欢,也有些疑惑,为什么小伙不太爱说话,人似乎有点儿闷。 见过几次后,小伙还是像个问号一样,让美姨下不了决心。

毕竟是终身大事,美姨想再交往一段时间再定。 但她的那个老婆去世不久马上考虑再娶的工程师爹竭力反对。 她爹的看法是,建钢是退伍军人,据说上过越南战场,而且还是党员,这么好条件的人,为什么还要拖着?

两家长辈于是见了面,见过面,结婚就快了。

两人很时髦地选择了当时流行的旅游结婚,还拍了很多照片洗出来给亲戚朋友看。 母亲说,从照片上来看,两人那个时候的关系还可以。

婚后的建钢,一直不工作。 也不是说退伍军人找不到工作,而是建钢觉得那些工作收入低,不够体面。 最好是一个有权有势的位子,还有人腆着脸请他,他才可以考虑。 待在家,他也不帮忙家务,每天美姨下班回到家,一个人包揽做饭烧菜洗碗拖地。 美姨心想,也许建钢需要一个调整期,也许等他有了合适的工作,一切就好了。 再或者,等她把孩子生下来,他就会改变。

第二年,美姨生下女儿青青。 青青的出生,并没像美姨所期

第四辑 性别与人生

望的让建钢有所改变。 美姨还发现，就在她怀孕期间，建钢在外面有了女人。 还在坐月子的美姨接受不了，扯开喉咙和建钢吵，建钢不吭声，她更来气。 当她再次叫骂建钢的时候，一直不说话的建钢忽然一个巴掌扇了过来，美姨倒地不起。

大概就是从那天开始，挨打成了美姨的家常便饭。 两人说着话，莫名的气就上来了，语气硬邦邦的，空气凝成了密不透风的墙，房子随时可能烧起来。 对话冲突到焦灼状态，建钢的耳光和拳头劈头盖脸落下来，美姨反抗，只会得到加倍的拳脚。 母亲说，最厉害的时候，美姨被扯掉半边头发，整个脸肿得认不出人来，这样的情境下，青青的照看成为问题。 美姨只好把才一岁多的青青交给姊妹轮流照顾。 等到和建钢的关系缓和一点，才把女儿接回家。 如此这样送和接，接和送，一直持续到青青小学毕业。

美姨被这样对待，姊妹们心里都不好受。 起初，大家还会围坐一起听美姨哭诉，骂建钢不是个东西，为美姨出主意，替她照顾青青。 到了后来，任她怎么叱责建钢，撩开了头发露出额头上的新伤，姊妹们都视若无睹不置一言。 因为他们看到，虽然美姨在他们面前恶狠狠地控诉建钢，但到了建钢那里，就马上低声下气起来。

对于没有工作的建钢的所有要求，她都有求必应。 建钢要喝最好的酒，抽最好的烟，美姨买给他。 他要打条金链子，穿名牌皮鞋，美姨也买给他。 总之，就像伺候皇帝一样伺候这个随时可能脾气发作恶行相向的人。 这种里外反差太大的表现，让姊妹们总觉得不可理喻，总有一种上当受骗的感觉。

真是扶不起的阿斗。 日子比美姨富足舒坦得多的姊妹们，同情中带着鄙夷地这样评价她,可怜之人必有可恨之处,有时还加上这么一句。

即便如此,美姨的婚姻还是维持了好多年。我陆续从母亲那听到的消息,无非是新瓶装旧酒。从以前给建钢买好烟好酒,到后来买日本最新的摩托、摩托不玩了就买辆出租车,让他凭着当兵时学的开车技术赚点钱,但他不愿吃苦,很快把出租车卖了。美姨一个普通会计,没那么多钱,钱不够,就只好厚着脸皮跟姊妹们借,姊妹们又急又气,钱也不要她还,只当花钱让她少受罪。

后来,单位改制,40多岁的美姨下了岗。好在她是经验丰富的老会计,经朋友介绍,为几个私人老板打工,做账,全家生活就由她这样撑着。青青长大了,很像她爸,非常漂亮的一个长头发大眼睛的姑娘,也不爱说话,一说话就能把人噎死。家庭环境似乎对青青影响不太大,考重点中学名牌大学,青青都一路顺利。这让美姨的姊妹们有些意外。

大学毕业后,青青先是在一所民办中学当老师,后来又辞职开花店,花店经营不下去之后,离开湖南,去了北京一家软件公司做文秘。做文秘期间,认识了现在的老公,公司里一个部门负责人,结婚的时候,青青已有三个月身孕。建钢利用这机会好好敲了未来女婿一笔,说不给他五万块钱就不同意他们结婚。青青老公很利落,拿了五万块,把青青带回了北京。

青青生完孩子一直是美姨在北京帮着带。建钢也去了北京,依然皇帝做派,要女儿女婿拿好酒好烟孝敬他。后来待得有些没趣了,就跑回了老家。说起来,美姨的命到这里有点峰回路转的意思。做了外婆,等人再老一些,折腾不动了,所谓少年夫妻老

第四辑 性别与人生

来伴,建钢没准也会安生一点,愿意和她平平静静过晚年。

但是美姨偏偏没这么幸运,很快,查出子宫肌瘤有恶化迹象,后来在北京找了相熟的大夫,做手术切除子宫才捡回一条命。身体稍微恢复一点,美姨又等来了建钢的离婚要求。就是车站接到母亲时,她说的那样——建钢又有了女人,他要离婚,还要美姨把老家的住房留给他,不给就补偿他30万。

四

上面那个版本的故事,是从母亲那听来的零碎片段拼凑而成。母亲和美姨是远方亲戚,小时候他们两家住得很近,两人经常在一起玩,就像姐妹一样。后来搬家,住得远了,却还是经常往来,母亲的介绍和描述,是有一定可信度的。

只是,这个版本里的美姨,是否就是全部的美姨?母亲有她的偏爱与热衷,从她的角度看到的一切,是否经过了她的无意识选择和过滤?她用她理解世界的方式来讲述一切,当讲述中夹带了她个人的理解,讲述的内容是否还足够真实?而且,语言即便再准确,也是在创造而非还原世界,何况母亲讲话一向含糊随意,经常张冠李戴,她口中的美姨和真实的美姨之间的误差有多大?

好在我这还保留着和美姨有关的记忆,这些记忆有的能佐证母亲的叙述,有的能作为补充来完善我们关于美姨的印象,有的却和故事中的美姨形象不太吻合,这种不吻合并非是源于美姨的分裂,而可能源于我自身的单一和独断,当我有足够的阅历和智慧去体恤美姨的世界,也许会发现,那些看似冲突的形象其实浑然一体从不矛盾。作为这样一个和母亲有着不同观察习惯的在场者，我决定将看到的一切，和盘托出。

第一次见到美姨的时候，我大概五六岁的样子，那时候的我，还保留着孩童才有的神奇听力。大人们故意压低声音不想让我听到的话，就是隔着厚厚一堵墙，也照样能被我听到。听到了，我还喜欢装作什么都没听到。看着大人们自以为高深的样子，常常想笑，那个时候，应该是美姨刚生下青青不久。母亲说，走，带你去见一个阿姨，我就跟着她，还有父亲，出了门。

对于这个阿姨，不用母亲多说，我已从她和父亲的窃窃私语中了解了一二。美姨和她老公关系不太好，她老公还打她。"老公"是个什么东西？大概就是指我父亲那个角色吧。打人？这让我有些费解，什么叫打人，像电视里那样吗？真是很奇怪的一个词。在去美姨家的路上，我有些兴奋，我的好奇将得到满足，那个答案将很快揭晓。

那段路太长，我走了太久，久得我几乎忘记了出门时的兴奋。就在疲惫得意识全无，身体像灌满铅一样累赘的时候，母亲指着面前一幢巨大的建筑物说，好，到了。我抬头一看，是一面巨大的公寓楼，楼很高，挡住了大半边天空，它还好像在晃，向我这边晃，它好像马上就要倒下来了，我有些担心和头晕，想回去，却已经来不及。

美姨住顶层，七楼，没有电梯。当我们气喘吁吁地停在七楼美姨家门口的时候，不像体面的客人，反倒像一群求救的流浪汉。母亲敲门，很快，门开了。一个比母亲年轻一些的女人站在屋里，笑着迎接我们。

"叫美姨。"母亲用力揉我的肩，提醒我。

"美姨。"我朝那女人喊。

第四辑　性别与人生

那是我第一次见到美姨。她个头挺高，只比担当单位排球队主力身高1.7米的母亲略矮一点。美姨是短发，明显精心烫过，蓬在脑后像一朵朦胧的花。相比之下，我那个扯根皮绳将头发胡乱一抓就出门的母亲，简直就是一个不修边幅的村妇。美姨身上穿了件乳白色衬衣，略微薄透，仔细看，上面还有镂空刺绣的花纹。我马上又想起母亲晒在阳台外的那几副假领。

好的衬衣比较贵。母亲舍不得多买，于是就自己架起缝纫机做了几个不同花色的假领。假领只取了衬衣的半胸以上的结构，有纽扣，没有袖子，穿上之后外面套件毛衣，轻易不容易识别。多做几副换着戴，还容易给人富有而讲究的错觉。但是每次看到母亲脱去外套，露出里面肩负着蒙混过关重任的滑稽假领，我就忍不住坏笑。

美姨和母亲真是不同，看得出，她挺注意形象，爱打扮自己。后来我回忆起每一次见美姨的样子，她都像是新做的发型，衣服也紧跟时尚，面料考究。哪怕是传闻她遭受毒打的那段时间里，也没见她衣衫不整邋遢不堪。

快进来。美姨笑着招呼我们。她说话音量很高，和我母亲一样，是个大嗓门。

一个男人也蹬蹬蹬地光着脚从里屋走出来，站在美姨身后迎接我们，他脚力很大，脚后跟着地的声音很沉，这个男人就是建钢了。

建钢比美姨高不了多少，看到他的样子，我立刻明白为什么大家说他像混血儿。他头发浓密，眼睛大而深凹，鼻梁挺直，真有几分像电视里的外国人。美姨在笑，他的脸上也有笑容，是不太习惯笑的人的那种笑容，有一种尽力而为的勉强。

时代镜像中的性别之思

见我们三个人来,两人沙发不够坐,建钢又从客厅一角拿出几张叠起来的平头圆凳,招呼我们坐。

坐下了,才发现美姨家出奇的干净。客厅里蓝白格子的地板砖不落一丝污垢,几样简单的家具上,杂物各就其位,整整齐齐。不只是干净,她家还很爱惜物件,电视机、吊扇外面,都蒙着金丝绒套子。再往卧室里看,居然有很多我家没有的东西:半人高的金属摇椅、吸尘器、地上堆着几箱罐装啤酒,还有几条555牌的香烟。

我跟着母亲和美姨走进了那间铺了地毯的卧室,看到摇摇床里刚出生不久的青青,一个丑陋的小肉团,正在睡觉,不觉得有什么好看,母亲和美姨却围着小床说了老半天。

说完话,二人一起去了厨房,我回到客厅,和父亲,还有建钢,三个人坐在一起。

父亲是个很会没话找话的人,轻易就能让场面显出一种不切实际的热闹,就算如此,碰到建钢这样一个不爱说话的人,父亲也没辙。建钢给自己点了根烟,递给父亲一根的时候,才记起父亲是不抽烟的,又把烟收回来,大家尴尬地笑了,气氛总算有了些变化。

饭菜很快做好了,大家一齐动手摆放桌椅的热情,掩饰了屋子里的沉闷,建钢象征性地阻拦了一下,说不能让客人动手劳动,饭菜摆上桌,五人各据一角,一场前途未卜的聚会即将开启。

依然是父亲担当了活跃气氛的角色,美姨很会应答,也能开玩笑,饭桌上一阵轻松愉快,我留着心,不时偷看建钢。他也在说话,在应承必要的对答,话并不十分恰当,像裸露的石块一

第四辑 性别与人生

样,不怕表露自己的愤懑。 他也许是知道别人怎么看他的,他的确是没有工作,那并不代表他无能,只怪没有懂他的人,给他一个出头的机会。 他试图证明什么,但他毕竟很久没接触社会了,说的话,并不完全踩在点子上,有些酸,有些傲,还有一丝格格不入的凶狠。 说着说着,不知怎么,话里就有了一丝怒气,大家就只好笑着打圆场。

美姨面子上有些挂不住,提醒他克制一下,本来并没有对立面的建钢,被美姨如此公开的提醒真正激怒,他回敬了一句,声音像下毒咒一样的恶狠,这时再继续打圆场只会更尴尬,我们都放下碗筷,盼望着忽然变坏的天气忽然好转。 但情况并没有改变的迹象。 当美姨毫不示弱地也扔出一句难听的话之后,建钢啪的一下摔下碗筷,指着美姨骂:你这个神经病! 接着一把踢开凳子,冲进里屋,重重地摔上了门。

连见多了场面的父亲,也不知怎么应付眼前的状况,气氛已经彻底破坏,给美姨再多安慰都无力挽回。 我们像有一把枪在旁威胁着似的,三下两口迅速吃完饭,然后再陪美姨坐了一会,就离开了。

正如第一次见美姨时,她颇为注重仪表的形象预告了以后每一次出场时的品位,这次不愉快的经历也奠定了以后每一次来做客时的基调。 当然,由于去美姨家做客并非一件乐事,甚至,可以说是一件自讨没趣的事,所以,我们是到了逢年过节这样逃不过去的时候才会去。 每一次去,时间上都尽量简短,礼数到了就借口告辞。

再大些的时候,也曾一个人去看美姨。 我和她在客厅说话,建钢坐在卧室的摇椅上或是干脆躺在地上看电视,一旁是塞满烟蒂的烟灰缸和成箱的蓝带罐装啤酒。他最爱看的节目是《动物世界》。几乎我每次走进去和他打招呼,他都是在看《动物世界》——一个慵懒的,许久都不会挪一下身体的男人,躺在一个窗帘紧闭的房间里,眼睛都不眨一下地盯着电视,那里有他唯一感兴趣的世界,有这房间里唯一的光源——这一幕在我脑海里印象太深,以至于后来每一次从母亲那听到和美姨有关的事,每说起这个男人,我的眼前就会浮现这一幕。

偶尔,也会带着一丝恐惧轻手轻脚地在他一旁坐下。他知道我在看电视,却不会将遥控器交出来给我,偶尔,也会聊几句,他关心的,主要是我读那么多书将来能挣几个钱,我不知道怎么回答,同时也努力控制着自己,不要和他有任何争论,当他忽然话多起来,也不过是以看似交流的方式,反反复复地强调一个观点:人,一定要有权有势,读书?顶个屁用。更无聊的话题也有过,比方说电视里放洗洁精广告,我说洗洁精里含磷,污染环境,不能多用。他将手里的烟屁股用力摁进烟缸,大笑一声:我他妈管屁环境啊,自己好就够了。

建钢说话永远斩钉截铁,这个小屋子就是世界的中心,他是中心里唯一的王,只是,尽管他说的话充满不由分说不容置疑的力量,却有些气呼呼的,好像全世界的人都欠了他。他活生生地享受一切超标的待遇,却沉甸甸地,仿佛一个远离人间幽暗洞穴里爬出的怨念深重的冤魂,让我脊背一阵阵发凉。

无法理解美姨为什么要和他一起生活。在接触到爱情这个词,发现这个词有一种让人心智迷失的魔力之后,我曾轻率地问过她,是不是很"爱"建钢。其实我想问的是,你的日子这样难,还不离开他,是不是因为"爱"?美姨没有正面回答我,

第四辑　性别与人生

只是说：你以后找男人，要找一个大你多一点的，会疼你的。

再后来，我离开家乡，见美姨的机会就越来越少。偶尔回去，参加那种各路亲戚纷纷到场的婚宴聚会，看到美姨，也不知道该说些什么。她还是那样，很注重形象，头发或者烫过或者染过，身上穿的衣服在她那群大官大富的姊妹中，不算高档，却色彩款式搭配得十分得体。和她坐在一起的，是日渐长高的女儿青青，和嘴上叼着烟，石头一样坚硬沉默的老公建钢。大家都在竭力掩饰什么，差别、嫌弃或是厌恶？

五

我的回忆依旧主观，不足以与母亲的讲述一道，去合成他人的"命"。为了呈现那个所谓的"命"，还需要更多旁观者、在场者以及当事者的叙述。

曾经和美姨的姊妹们坐在一起，无意中听到他们对美姨的议论。我发现，他们的立场含混，既没有身为同胞姊妹的无条件非理性的袒护，也没有作为暴力目击者该有的绝对正义与同情。

他们描述目睹的很多细节，建钢如何懒惰混账胡乱打人，如何只图自己享受没完没了折磨美姨从来没给家里拿过一分钱。美姨生病住院，他从来没有出现过，全靠姊妹们帮忙照顾，没想到，到头来，他还要离婚，不仅离婚，还无耻到开口要钱，不给钱就拖着美姨，看谁拖得久。说这些话的时候，姊妹们完全站在美姨一边，语气真真实实地激动、愤慨。

在另一些时候，他们又一齐表达了对美姨的轻蔑，甚至厌恶。他们说美姨并非善茬，人精刮得流油，眼里根本就没这些姊妹。说这样的话，一方面是因为美姨一个人养家居然过得还挺体面，他们怀疑她作为会计的操守，另一方面是美姨曾经做过一件"特别对不起她们"的事。在她们的工程师父亲去世之前，她和建钢一道，不知用了什么办法，让老人把名下房产指定给她一个人。这样，本该属于全体姊妹的遗产，最后落在了美姨和建钢的名下。说起这件事，姊妹们义愤填膺，完全把美姨划作建钢同伙，嗤之以鼻，明显对立。

姊妹们复杂的情绪里，透着人性的真实。血缘让他们应该团结互助，作为世俗的个人，他们又必然有攀比嫉妒之心，有利益的算计。同情中藏着优越感，愤怒中带有一丝幸灾乐祸，这或许也是世情常态。

把自己设想成美姨，身处命运的陷阱里，又会怎样求生？

她是不会离婚的，离婚女人会让人看不起，有个离婚的妈妈对女儿将来的婚姻也不好，她只能和建钢一起生活下去。对于她来说，建钢每天睡在身边，掌控着她的喜怒哀乐，是和她真正命运相系的人，姊妹们同血缘却并不能共命运，相互之间还有若隐若现的较量与防备，并不能把姊妹当作唯一的信靠。那她，就只能彻底地面对这个人心叵测的世界。要生存，而且要生存得体面，不让别人嘲笑，于是年轻时的聪明伶俐，变成了成年后的狡猾世故，善良与美好早弃之荒野，随机应变有缝就钻才是生存之道。

当然，这也仅仅是我所猜测的美姨。她的内心世界，她怎样看待周围的人，如何叙述自己的命，我并不知道。

还有一个最容易被忽略的，在美姨故事里扮演最重要角色的人——建钢。不给予他同等份额，同等程度的尊重与共情，就无法真正地呈现美姨的"命"。

第四辑　性别与人生

可是，多少年来，他只是作为流氓无赖这样一些简单的符号被人指责、批评。没有人敢说，真正了解过他。我对他仅有的印象也是平面的、瞬间的、主观的。我并不能像了解美姨那样，至少有机会坐在她对面，探听她已被层层保护起来的内心偶尔显露出的真实想法。除了"混血儿、你这个神经、动物世界、烟灰缸……"这些记号，没有更多的细节和更深的打量，能让他在我的记忆里，形象再更丰满真实，更立体可信一点。

他是天生的混蛋吗？他为什么当兵？他在战场上遇到了什么？退伍之后他面临了什么？他和美姨结婚时，是怎样设想他们的未来的？照片上，他和美姨至少看起来是快乐的，他真的快乐吗？他爱美姨吗？他为什么出轨？他和那个女人是真心的吗？他知道打女人是不对的吗？他为什么控制不住自己？他想过好好找份工作，负起至少对自己的责任吗？他知道别人怎么看他吗？他对美姨的姊妹们有什么看法？他对这个世界有哪些想说却没有能力说出来的话？是什么让他和美姨一起陷入深渊，让他在深渊里通过虐待一个女人来发泄……

还有青青。作为这世界上唯一和美姨、和建钢相互渗透不分界限地生活在一起的人，她眼里的母亲、父亲，以及他们之间的关系是怎样的？除了不时爆发狂躁的争吵，他们可曾有平常家庭所有的温馨快乐的时刻？建钢对青青，可有作为一个父亲的本能的爱护和责任？她对建钢的感情是怎样的，对美姨呢？当美姨和建钢发生战争，当外人对她的家庭投以各种暧昧的闪烁的眼神，她的情感和理智，会让她做出怎样的判断和抉择？……也许，她也和大多数人一样，只是被生活推着往前走，该怎么样就怎么样。不需要分析，也没有反思，所以也就没有所谓的困惑与纠结，没有感受到阴影和悲剧？

不到他人心底最深处，掀开种种伪装，消融重重抵抗，不可能得到那个真实的答案。不知道，不了解，就不能轻易地下判断，轻易地评价他人的人生。那么，万事都无对错了吗？"命"就是倒头活下去的理由吗？我几乎都要认同母亲那个"命是说不清"的观点了。

不能够，我还是不能够接受这种懒惰马虎的观点。以"说不清"来形容命运，或许能给困顿中的人以活下去的力量——就像美姨，她是否真的觉得，那样的生活，就是她该过的？可是，不这样想的话，她怎么止住肉体和生活的痛，怎么有理由继续往下走？越怀疑，不就会越痛吗？命该如此。这样的解释看起来最有帮助。可是怎么好像越是认命，命就越糟糕了？

如果时间真的可以逆转，她会愿意自己的命停在哪个时刻，重新开始？我不知道。我所一厢情愿的，是当建钢揪起她的头发把她往死里打的那一刻。那一刻，她终于从幻觉中惊醒，果断地离开这恐怖的，剥夺了她全部希望和尊严的生活。她会吗？她不会。她顾虑太多，怕自己离婚别人看不起，怕建钢威胁她的姊妹，她的父亲，她还相信一些似是而非的劝解：暴力会自然结束于某一个年龄阶段，人是会被善意感化，会自动变好的……

有太大的力量让她醒不来。醒来就会好吗？把她拽在泥地里出不来的力量太大，天上还有一张由无知的舆论、矫饰的人情、麻木的旁观（包括我在内）织成的巨网。所谓的"说不清"的命，不就是这样的让人蒙眼前行放弃挣扎的天罗地网吗？也许不是"说不清"，是不愿意"说清"，混混沌沌，昏昏沉沉，大家都被温暖又有爱的泥石流卷袭，凭什么让你一个人自由地飞？

第四辑　性别与人生

六

　　写完美姨的故事，天已经很晚。母亲坐在沙发上看文艺晚会，打毛衣，我向她求证一件和美姨有关的事。我说，是不是曾经有一个单位里的男同事，很喜欢她。有次她带着小青青去上班，当时那个男同事向她示好，青青不知是误以为男人要伤害妈妈，还是出于对父亲的忠诚，拿小身子挡在了两个人之间。

　　有没有这回事？我问母亲。

　　她眼睛从老花眼镜上探出来，很奇怪地看着我：你问这个干什么？我记不得了。

后　记

　　十多年前，读硕士的时候，喜欢上一本电影杂志，名字就叫《看电影》。那杂志字号特别小，还排得密，仗着二十几岁的视力，每一期都会贪婪地从第一个字看到最后一个字。杂志每期附赠电影海报，我都给贴宿舍的墙上了。

　　几年后去北京念博士。还是喜欢看电影。还是一边念书一边钻小店、淘碟，像图书馆里翻索引卡一样，从第一张翻到最后一张，手指头都酸了，还弄很脏。

　　也就是这个时期，很惊讶地听到"女博士是第三类人"的说法。它病毒一样地在闲聊中流传，恶意被当成玩笑，你若抵制反而显得你无趣。就像"认真你就输了"这句话，很流氓腔地消解掉表达愤怒的意义。

　　我写了一篇小文章《被妖魔化的女博士》投了出去，没想到被当时的《杂文报》发表了。

　　那个时候，已经是1995年北京世界妇女大会召开后的第七年，八十年代以先锋姿态出现的女性研究在此之后逐渐变为内容更为广阔的性别研究。虽然性别或女性主义早已是文化研究领域中常见的题目，我就读的社会学专业里也有社会性别研究，但是因为视野局限，我并没有特别去了解这类研究的进展，那篇文章也就更像情绪宣泄，缺少明确的视角和专业的分析概念。

后 记

2005年，我放弃了去北京一家很喜欢的出版社工作的机会，来到上海当了一名普通的大学老师。在这之前，我已学习法律七年，学习社会学三年。

迁徙和损耗常常并存。但万万没有想到的是，物流公司在替我搬家时弄丢了一个箱子，那个箱子里偏偏装的是北京三年淘的全部影碟。

在初尝迁徙之痛的时候，我还发现自己在"第三类人"之外，又多了"剩女"这个名号。你可以选择不理会，但这不意味着它可以肆意流传。

我隐约觉出这里面有问题。法学赋予的规范思维和逻辑推演，社会学教给的整体视角和关联分析，被我用到琢磨这个问题上了。

开始自觉地进行社会性别和女性主义方面的阅读。有时也在博客上写写感想之类的小文章。有朋友觉得我可能会对她的一个同事有兴趣，就把那个同事的微博推荐给了我：voiceyaya

通过微博认识了yaya，也开始参与一些网上的讨论。渐渐发现，在这个虚拟世界里，性别和女性主义是网友们经常争论的话题。我发言，也学习，认识了好些有趣的人。

也就是在这个时候，越来越多的同道者不期而遇地出现在我的身边。TA们来自各行各业，有媒体人、自由职业者、学者、大学生、艺术家、公务员、心理学家、公司白领……大家观点很多时候并不完全一致，有时甚至会极端对立，但大家都在致力于同一个事业。那种不分尊卑，没有矫饰，一心只是真诚地讨论问题的氛围非常的感人。

2008年，在南京参加一个女性电影国际学术会议。在南京

时代镜像中的性别之思

火车站拥挤的出站口，一个玫红上衣蓝色背带裤的小背影一下子就吸引了我，后来到宾馆住下才发现我们的房间居然面对面。她也是来开会的。她就是爱梅莉，做女性电影研究。

爱梅莉和那些坐下来就是谈真问题的朋友们的出现，像一个暗示：精神共同体是自然而然形成的，不需要刻意经营，经营也没有用。

在专业研究和教学的间隙，我仍然保持着对电影、话剧、戏曲、诗歌等一切艺术形式的热爱，它们既是对我形成已久的社会科学式的认知方式的一种弥补，也是我从性别视角进行解读的对象。

相比较学术论文必须要有确定的观点，"不务正业"式的写作更自由，它为原本就充满不确定性的人的世界预留了更多的表述空间，虽然两种写作其实殊途同归。

所以，这本小书也是各种必然性和偶然性不断交错而成的结果。里面的文章大多是近些年完成的，不过最早的一篇可以追溯到十年前。站在一个时间节点上看到自己一路的变化，挺好。

感谢经济出版社的姜静和陈瑞。为了让这本小书得到最佳的呈现方式，他们不厌其烦地与我就出版方案进行沟通，为本书的诞生付出了辛勤的劳动。

感谢同行的朋友们。TA们都比我纯粹、勇敢，比我优秀、有才华。因为有TA们，我体会到精神共同体是真的存在的。

感谢老马和老张。出于对我的爱，他们努力地去了解超出他们经验的事物，努力地适应各种变化。在这个注定充满各种遗憾的时代里，他们不断忍受、承担、付出，给予了我所有他们能给予的一切。

后　记

　　感谢妇女之友李教授。他包容的心态、流动不僵化的思维方式以及那总是不知道出处总是起调太高以至唱不下去的歌声，为我创造了一个良好的写作环境。

　　感谢爱梅莉。在最深的心灵世界里，她与我始终在一起。后来我才知道，当年，她在《看电影》上开过专栏。

2017 年 3 月 26 日于上海宽园